智元微库
OPEN MIND

成 长 也 是 一 种 美 好

会说话

5步让你有效沟通

李媛媛　钟文佳　乔凯丽 / 著

人民邮电出版社

北京

图书在版编目（CIP）数据

会说话：5步让你有效沟通 / 李媛媛，钟文佳，乔
凯丽著 . -- 北京 ：人民邮电出版社，2024. -- ISBN
978-7-115-65085-6

Ⅰ . C912.11-49

中国国家版本馆 CIP 数据核字第 2024GA9412 号

◆ 著　李媛媛　钟文佳　乔凯丽
责任编辑　黄琳佳
责任印制　周昇亮

◆ 人民邮电出版社出版发行　　北京市丰台区成寿寺路 11 号
邮编 100164　　电子邮件 315@ptpress.com.cn
网址 https://www.ptpress.com.cn
涿州市京南印刷厂印刷

◆ 开本：720×960　1/16
印张：13.5　　　　　　　　　　2024 年 10 月第 1 版
字数：250 千字　　　　　　　　2024 年 10 月河北第 1 次印刷

定　价：69.80 元
读者服务热线：（010）67630125　印装质量热线：（010）81055316
反盗版热线：（010）81055315
广告经营许可证：京东市监广登字 20170147 号

前　言

在人际交往的舞台上，有些人似乎天生熠熠生辉，而另一些人则显得黯然失色。常有人认为，那些光彩夺目的人之所以能够如此，是因为他们拥有沟通的天然优势——他们或许富有且有权势，或者家庭背景显赫。确实，社会地位的提升和财富的积累往往会赋予个人更大的话语权。一些人即便一言不发，也是众人关注的中心。然而，我们只看到成功人士在荣誉与掌声中的辉煌，忽视了他们也是一步一个脚印，从底层逐渐奋斗上来的。即便对于那些似乎生来就站在人生顶峰的人，我们也应该理性地认识到，他们的成功同样建立在前辈们辛勤努力的基础之上。为何他们能够取得成功？他们身上有哪些我们所不具备的特质？这些问题驱使我们客观而理性地学习，去探究那些成功背后的逻辑和智慧。我们试图通过此书帮助读者揭开人际交往成功者的面纱，深入探讨他们是如何运用逻辑沟通的技巧，在社交场合中游刃有余的。

人的一生能真正沉下心来做事的时间并不多，占据我们大量时间的其实是处理各种各样的关系，亲情、爱情、友情以及社会交往中无法回避的关系裹挟着我们，因为我们需要生存、需要发展、需要维系情感、需要实现价值，所以厘清各种各样的关系就显得尤为重要。毫不夸张地说，这些关系处理得是好是坏，将直接影响我们的一生，于是"好好说话"便成了处理各种关系的基础，亦即我们需要学会如何在人际交往中更好地表达自己，无论是在商业谈判、公共演讲还是日常对话中，都能够清晰、有力地传达我们的观点。

在人际交往中，沟通的方式有很多，如借助文字、图片、表情、动作等，而说话是绝大多数人选择的主要沟通方式。说话是人与生俱来的本能，多数人自幼年起就可以说话，但是要"好好说话"并不容易。在沟通交流中，好好说话并非指直白地表达，不是简单地告诉别人是什么、为什么、怎么样，因为有的人说出来的话，别人听不懂，不知道他要干什么，无法沟通；有的人说出来的话，别人不愿意听，不想与他进一步交流，沟通困难；有的人说出来的话，别人听起来别扭，会使人心生厌恶、终止沟通。所以，"说话"在人际交往中并不是一件简单的事，"好好说话"更需要我们认真琢磨，不断学习。

在当今快节奏的社会中，沟通能力是个人发展和职业成功的关键。无论是在工作场所、社交活动中还是家庭生活中，有效的沟通都是建立良好关系和实现目标的基础。然而，沟通并不总是简单的，尤其是当我们需要清晰、有逻辑地表达复杂观点时，我们可以将沟通和很多学科联系在一起进行研究。一切科学都是应用逻辑，此书将从逻辑学的角度研究沟通，借助逻辑学与生俱来的工具属性，将其中的一些知识运用到沟通之中，让人们在沟通中培养逻辑思维、运用逻辑分析、掌握逻辑技巧；帮助人们组织语言、清晰表达，有效说服他人。总之，让逻辑学知识浸润沟通交流的全过程，可以帮助人们"好好说话"。

目　录

第三章

沟通要高效：避免拉长战线

第四章

沟通要讲技巧，精准表达要到位

第五章

沟通要有氛围：搭建沟通平台

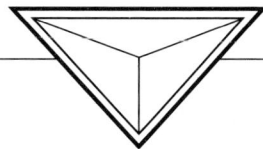

/第一章/

沟通要讲逻辑，实现有效沟通

一、沟通是生存的技能

沟通是生存的技能此话不假。在远古时代，一个人无法单靠个人的力量在自然里存活，他必须群居，与其他人合力捕获猎物，依靠群体的力量才能得以生存。在没有语言的原始社会中，人们靠着简单的肢体动作让对方会意，以达到沟通的目的。到了现代社会，人与人的联系更加紧密，没有人能够离开某种关系而单独存活。在紧密的联系之中，人与人之间的关系显得尤为重要，建立关系的首要方式便是沟通。而沟通最重要的衡量标准是要讲求效果。因为同样一句话对不同的人说，会产生不同的效果；同样一句话用不同的语气说，会产生不同的效果；同样一句话在不同的场景说，会产生不同的效果；同样一句话在不同的时间说，会产生不同的效果，等等。这些不同的话语效果会对说话人产生巨大的影响。

人从出生开始就生活在一定的社会环境中，是社会性动物，需要通过日常的社会互动来构建起关系网，这些社会互动包括沟通、合作、竞争等，它们塑造了个体的社会存在。因此，学会沟通是使人成为社会人的必备技能之一。那么，如何迈出沟通的第一步呢？常被调侃的哲学三大灵魂拷问，"我是谁？""我从哪里来？""我要到哪里去？"充分概括了沟通的三大注意事项：一是"我是谁？"这个问题要求我们在沟通之前进行深刻的自我反思。了解自己的身份、价值观、情感和信念是有效沟通的前提。我们只有对自己有了清晰的认识，才能更好地表达自己，并在沟通中建立真诚的联系。二是"我从哪里来？"这个问题强调了个人的成长背景的重要性。我们的沟通方式和内容受我们拥有的文化知识、受教育的程度和曾经的经历的影响。认识到这些背景因素，可以帮助我们更好地理解他人的观点和行为，避免误解和冲突。三是"我要到哪里去？"这个问题关乎沟通的目的和预期结果。在任何沟通之前，明确沟通的目标和方向是非常重要的。这包括了解我们想要传达的信息、期望达成的结果以及如何引导对话以实现这些目标。当然，纵观三问，我们还能意识到，学会沟通需要有情境意识，沟通不是在真空中发生的，而是在特定的情境下进行的一个动态过程，涉及时间、地点、参与者和氛围等，这些对于选择合适的沟通策略至关重要。另外，更重要的是，学会沟通需要我们时常反问自己"要到哪里去？"要有落脚点，这就是道德感与社会责任感，在沟通中，我们不仅要传达信息，还要对我们的话语和行为负责。这意味着我们应该诚实、尊重并考虑沟通的潜在影响。

黑格尔曾提出一个问题，为什么《逻辑学》不能以其他范畴，比如"理智直观"或"我即是我"作为起点。因为他认为，这些范畴虽然指出了最为真实的东西，以及哲学所要考察的对象。但是，它们仍然是基于主观认知者的理解和把握的一种"表象"，并不是客观性的"纯粹思想"。可见，"理智直观""我即是我"虽然是真实存在的，但是它们并不是逻辑意义上的存在，我们将此观点放在人际沟通中来思考问题也是非常适用的。

通常人们将自己看到和听到的视为真相，但事实上，有时候我们看到和听到的未必是真相，可以将其类比为理智直观。在沟通中，如果每个人都认为自己看到和听到的是正确的，继而希望别人接受自己的所有观点，那么沟通的效果可能并不理想。某演员在脱口秀里曾调侃过她母亲，"世界的尽头是铁岭"，因为在她母亲眼里，铁岭是世界上最好的城市，哪里都比不上那里。的确是这样，从情怀的角度来看，每个人心中都有自己最喜欢的地方，无可取代。但是从逻辑的角度来看，人们容易以自我为中心，希望对方以自己的所感所悟为重点。此时，沟通就成了单向输出，沟通就不再是沟通，而变成了命令、告知或者倾诉，沟通也就失去了意义，成为所谓的自说自话。这也是本书阐述沟通以逻辑为切入点的价值所在。

关于"理智直观"。我们经常会看到网上关于要求让座的新闻，大概内容无外乎在公交车或者地铁上，老年人因为没有座位而要求坐着的年轻人让座，年轻人拒绝让座或者让座得不是很迅速，或者让得不是很情愿，而遭到要求让座的老年人训斥。新闻中的老年人年近古稀，都是白发苍苍的模样，他们步履蹒跚，甚至呈现羸弱无助的状态。说实话，在中国人的传统观念中，尊老爱幼是家庭教育中的重要内容，是根植国人心中的优良品质。所以，当这样的新闻出现后，人们有的指责年轻人冷漠与麻木，有的指责老年人的固执和蛮横，却忽视了事件背后的关键：引发年轻人不让座的真正原因，是双方沟通上存在问题。

根据马斯洛需求原理，人的高级需求是尊重，尤其在礼仪之邦——中国，人对于尊重是非常在意的。老年人需要尊重，年轻人同样也需要尊重，在尊重不对等的情况下，沟通自然不可能顺利进行。网上有一个比较流行的短视频，两辆车在狭窄的地方会车，双方都不愿意退让，这时候，一台车的车主摇下车窗，大声地说到："你说请小公主让车，我就让你。"对方本以为车主是要责骂自己，没想到她用了"小公主"这样可爱的称呼，怒火瞬间平息了，他甚至笑了起来，笑对方的高情商，也笑自己的笑点低。无论怎样，本来剑拔弩张的紧张氛围，就这样被巧妙而轻松地化解了。

老人与年轻人的矛盾，不在于谁真正需要座位，老年人没有老到非要有座位才能乘车的程度，年轻人也没有一定不让座才心里舒坦，双方需要的，其实是沟通中的相互尊重，只有建立在充分尊重的前提下，沟通才有可能顺利完成。因此，作为旁观者，我们不能让所谓的"理智直观"影响我们的判断，武断地去评价谁对和谁错，而要深入思考在人际交往中的方法与技巧，思考倘若自己遇到类似的事情该如何解决。现代社会节奏愈发快速，每个人都有来自工作、学习和家庭的压力，谁没事睁开眼睛就喜欢吵架和让自己心情糟糕呢？可是掌握情绪的开关在我们自己的手里，如果多一点思考沟通的技巧和方法，我们不就可以避免很多不必要的麻烦和困扰了吗？

关于"我即是我"。黑格尔在《小逻辑》中提出，只有"逻辑概念"展现的"纯粹思想"才是事物存在的本质和根据。思想的客观性意味着，它们独立于我们的主观思维，并且是事物赖以存在的根据和实体。这里就指出，我不是世界的全部，世界也不是只有我。我们在社会交往中，当需要与别人沟通交流时，特别是需要通过沟通后达成自己的目标时，不能眼里只有自己，以自我为中心，不能只从自己的角度考虑问题。

比如，有的人问路，张口就朝着路人问："××路怎么走？"，路人看了他一眼，继续埋头走路，问路的那个人却不悦："你这个人怎么没有礼貌呢？问你话呢？"路人更是头也不回就走了。究竟是谁没有礼貌，这不是不言自明的事情吗？从小我们就知道，当我们向别人提出需求，请别人帮忙时，一定要客气，同时还要使用礼貌用语。这可是小朋友都知道的简单道理，成年人有时候却做不到。

人的一生要面临生存和发展的诸多问题，从自己利益考虑是人们为了解决这些问题的非常自然的立场，所以从自己的利益来考量本身是没有错的，也没有什么值得羞愧的，更不是所谓的人性的自私。假如，达成一项社交目标的总分为10分，我们从自己的利益考虑的分值应该为5分，剩下5分是需要留给对方的。因为你需要从自身利益考虑，别人也同样要从自身利益进行考虑，倘若这个分值超过了5分，则数值越大，沟通成功的概率就越小。

张姐下班晚了去菜场买菜，比较了几家后，在一个摊贩前停下来，看着价格牌询问菜价（一般下午菜场的菜会有折扣）。摊主说："都是挑剩下的了，也不怎么新鲜，您看着给吧！"张姐："看着给，也要具体有个数字啊？您不是做生意吗？"摊主："菜都快卖完了，剩下的这些也不好意思喊价，您瞧得上就拿着去吃吧！"张姐寻思，这人是不想做生意了吗？于是又走到其他摊贩前询价，其他摊贩却指着价格牌说，"那不是有价格吗，问什么问？"而且态度也冷冷的。张姐看了看他们的菜还没有刚才那家新鲜，而且还爱理不理的样子，于是果断地来到刚才那家菜摊买菜，并且坚持支付原价。从那以后张姐去菜场买菜，都会光顾这家摊贩，摊主每次都笑盈盈的，说话不多，但是语气平和礼貌，买完后还会给老主顾捎上点小葱或蒜瓣。如果做生意的买卖双方都能够从对方的角度考虑问题，那么买卖的过程就少了许多斗智斗勇，多了些和谐和舒适的体验感，卖方挣到了该挣的钱，买方买到了合适的商品，还收获了服务。

所以，在沟通中如果坚持"理智直观"或"我即是我"这些错误的观点，沟通就不需要也没有必要再继续了。

二、沟通需要因人表达

所谓沟通，是两个及两个以上对象的交流，如果没有沟通对象，也就不存在沟通，只能是个体内心深处自己与自己的一种相处方式。沟通的对象有时候可以选择，但是大多数时候无法选择，为了达到某种社交目的，人们将不得不与某个对象进行沟通。同样是沟通，效果却千差万别。从逻辑学的角度审视沟通，可以从本质论来进行延伸分析。

黑格尔没有专门研究沟通技巧，他擅长的领域是哲学和逻辑学。我们常常会对这些知识有误解，哲学高冷、深奥且无用，逻辑学神秘、复杂且单调。哲学是研究世界的，逻辑学是研究人如何运用推理与论证的，试问能够解决世界与人的问题的知识，怎么会没有用呢？它们的存在本身就蕴含着巨大的价值。所以本书在叙述沟通时，从哲学和逻辑学的角度切入，这样一来，有关沟通技巧的阐释才会具有学理性，更有说服力，而不是想当然和胡诌。

　　继"理性直观"和"我即是我"之后，黑格尔要告诉我们的另一个问题就是本质论。即所谓的"透过现象看本质"，沟通需要看透事物的本质。对于沟通参与者来说，能够洞悉沟通的本质至关重要。简单来看本质论，它包含同一性、差异性和对立矛盾。比如，男女生谈恋爱，从来没有吵过架的估计不存在，抛开原则问题外，我们来做恋爱期间吵架的原因分析。在吵架中，男女中的一方要么是没有及时接电话、回信息，要么是点菜时候说随便，要么忘记了重要的纪念日等问题，通常是一方在自己提出需求时没有立即得到回应所致。客观来看，吵架的本质是一方觉得另一方不重视自己，而不是电话有没有接的问题。导致吵架的原因是违反了本质论，一是违反了同一性，打电话的那方能否保证自己在工作时间也能正常地接听对方的电话呢？二是违反了差异性，打电话的那方是因为思念对方才打电话，但是此时此刻对方在工作，没有办法立即回应。三是违反了对立矛盾的客观存在，工作和谈恋爱是有冲突的，全心全意按照打电话那方去爱一个人，就没办法专心一致地工作。所以，恋爱中的男女，如果是真正爱对方，希望把恋爱谈好，就不要一味地从自己的感受出发，要把自己和对方调换一下思考问题，并且工作和谈恋爱也是可以两不相误的，工作没及时接电话的那个人，为了给你一份物质保障，每天都认真工作，这本身就包含了对你深刻而有担当的爱。如果一个人满嘴都是爱你，却每天不务正业，那么估计谁也不会要这样的爱吧！

　　我们的沟通对象和我们一样，具有高度的同一性，具有作为人的各种或好或坏的道德品质、性格脾气、爱好憎恶等；虽然双方在人的属性上具有高度的同一性，但是在同一之下又具有无限的差异性，如人们的年龄、性别、家庭、教育程度、成长环境、从事职业、婚姻等，不尽相同；在具备作为人的共性的基础上，每个人展现出的个性的不一，使人们在沟通时，会呈现对立与矛盾。沟通遵循运动变化的规律，矛盾在此过程中也体现出对立与加剧。若想缓解和消弭矛盾的对立与加剧，需要我们在沟通中因人而调整表达。

从逻辑学关于本质论的论述可知，沟通需要遵循本质论，只有对沟通对象的本质有充分的了解，我们才能实现有效的沟通。

一是在沟通中，要注意沟通对象与沟通者的同一性。在沟通中，人们常常会忽视对方作为人与自己的共性。你是为了某个社交目的与对方沟通的，你需要达到一定社交目标；同样的道理，对方作为沟通的主体，同样具有某个社交目的，也需要达到某个社交目标。也许你们的目的与目标一致，也许你们的目的与目标迥异，但是一定要重视这一前提。如果你只是为了满足沟通目的与目标，而忽视沟通对象的需求，那么沟通是不可能顺利完成的。比如，去应聘工作时，你需要从 HR 的角度来思考问题；而 HR 由于工作角色的原因，常常会在招聘者和应聘者之间转换，所以专业的 HR 是更能够体会这两个角色的深刻内涵的。从人类属性的同一性角度想，假设自己是所应聘公司的 HR，那么你将如何看待招聘岗位需要的专业背景、从业经历、性格特征、职场能力、薪资要求；然后再转换到应聘者角度，审视自己，是否具备以上要求，自己胜算几何也就比较清楚了。

二是要注意对象的差异性。差异性是人与人之间的区别，差异的存在使世界上没有两个相同的人，你之于别人是独一无二的，沟通对象之于他自己之外的人也是绝无仅有的。这就要求我们在沟通中，不能用自己固有的思维习惯、知识结构和性格脾气来应对沟通对象，而且要尊重沟通对象与自己的差异。所以，在沟通中，一定要快速总结沟通对象的特点，对沟通对象特点把握得越细致，沟通的效果就越好。否则，我们不但无法实现有效沟通，而且可能沟通失败，甚至走向死胡同，令对方拒绝沟通，让我们在社交中失去宝贵的机会。比如去面试找工作，应聘者就需要与 HR 沟通，应聘者如果没有做好准备工作，结局可想而知；如果应聘者根据应聘公司的企业文化、公司业务、应聘职位，对个人的着装风格、应聘语言和职位需求加以重视，进而设计一套与之匹配的行为与语言，效果会好很多，至少面试成功的概率会增加。

三是要注意对象与自己在沟通中出现的矛盾。一切事物都在运动之中，运动中会产生矛盾，有的矛盾会伴随运动的发展逐渐消弭，而有的矛盾会随着外力的影响逐渐扩大，甚至变得不可调和。如果双方沟通和谐，矛盾与对立会很小，沟通产生的效果就比较好；如果沟通不和谐，矛盾与对立会较大，有时严重到甚至终止沟通。仍然以应聘工作为例，HR 在询问我们工资要求时，其实在传递一些信号，也许是例行询问，也许是某种试探，也许暗示面试接近尾声。无论是何种目的，在沟通中，这样的问题通常都会引发矛盾，所有的 HR 都会从公司的预算考量，希望你的目标薪资在公司预期之内，这样 HR 的沟通目标才能够得以实现。但是现实中，大部分应聘者对薪资的期望，是高于岗位已经预定的薪资区间的，这样沟通的矛盾就产生了。为了完成有效沟通，应聘者需要正视这样的对立，主动化解矛盾。比如，应聘者应在充分了解个人能力的基础上，在对应聘岗位有足够认知的前提下，提出一个与公司预定薪资相差不大的理性数字，这样其与 HR 的矛盾才有可能化解；否则，在接下来的应聘沟通中，大部分表达都将变得无效，此次应聘沟通将归于失败。

现代管理学之父德鲁克说："一个人必须知道该说什么，一个人必须知道什么时候说，一个人必须知道对谁说，一个人必须知道怎么说。"这四个方面总结起来，就是沟通前需要充分了解沟通对象。沟通对象的特点决定着沟通语言的内容、语言的时机、语言的特征和语言的表达。除此之外，实现有效沟通，必须以沟通双方具备良好的关系为前提，沟通双方要处于相对平等、相对稳定、相对融洽、相互成就的基础之上，否则，再好的沟通技巧也是无本之木、无源之水。比如，父母居高临下教训孩子，老板不顾现实给员工"画大饼"①等，都是没有良好的关系为基础的无效沟通。一段良好的关系是彼此沟通的基座，有了这样的基座，才能实现有效沟通。

三、从清晰表达到有效沟通

清晰表达和有效沟通，是人们语言交际中必须要完成的两项任务。之所以称为两项，是因为二者并不一定是同时存在的。有的人在语言交际中可以做到清晰表达，但是却未必能够有效沟通；而有的能够有效沟通，也不一定是因为说话者表达得多么清晰。二者虽然是两个独立的任务，但是内部存在着逻辑联系。要想明白清晰表达和有效沟通在语言交际中的功能，我们需要从逻辑学概念的视角来审视它们。

---

① 网络用语，指做出荒唐、不切实际的承诺，再用花言巧语使人相信并为其服务，最后不予兑现或跑路。——编者注

在传统逻辑学中，概念（词项）是组成命题的基本单位，指充当直言命题主项和谓项的成分。概念具有内涵和外延两个特性，概念的内涵，是指词项指称的对象所具有的特有属性或本质属性；概念的外延，是指词项指称的一个或者一类对象。

先来看看"清晰"和"有效"。"清晰"一是指明晰；二是指清楚明晰；三是指看得清楚，很逼真；四是从语言表达的角度上看，指出语和表意二者都要达到清楚明白；五是从形象的塑造上说，是指形象清楚、明朗。从它的内涵来理解，"清晰"是"明白、逼真"，它倾向于程度。"有效"一是指能实现预期目的；二是指有效果，它倾向于结果。

再来看看"表达"和"沟通"。"表达"是指将思维所得的成果用语言等方式反映出来的一种行为。表达以交际、传播为目的，以物、事、情、理为内容，以语言为工具，以听者、读者为接收对象。从它的内涵来理解，是"用语言反映"，倾向于展现。"沟通"是指人与人之间、人与群体之间思想与感情的传递和反馈的过程，以求思想达成一致和感情的通畅。从它的内涵来理解，是"传递与反馈"，倾向于达成一致。如此看来，表达注重的是展现的一方，展现表达者自己的内心所想；沟通则注重沟通的双方，沟通者不仅希望传递给对方信息，更希望从对方那里得到信息的反馈。

清晰表达和有效沟通组合在一起后，它们的概念所呈现出来的意义就更加明显。"清晰表达"是表达者的主观愿望，通过表达的形式来彰显自己的主张，至于结果并不一定是表达者所在意的；"有效沟通"是沟通者期待的客观结果，即通过沟通的过程来传达意思和得到反馈，目的是双方之间达成共识。

所以我们会发现，有的人语言虽然表达能力非常强，但是不一定能够达到语言交际的目的；有的人即使并不是多么擅长言辞，却总能够在沟通中实现自己的目的。

恋爱中的男女容易犯没有清晰表达和没有有效沟通的毛病，双方常常都觉得自己已经非常清晰地表达了观点，但是无法实现彼此间的有效沟通。

小玲和阿强是一对恋人，他们在一起已经半年了。小玲是一个 i 人，内向且注重个人空间，而阿强则是 e 人，非常外向，喜欢社交活动。（出自迈尔斯 - 布里格斯类型指标，简称 MBTI，是一种人格类型理论模型。其中，"i"和 "e" 是一个指标的两极，"i" 代表内向或内倾型，"e" 代表外向或外倾型。）

情境一：阿强经常邀请小玲参加他的朋友聚会，但小玲不善于应对大型社交场合，感到心理压力很大。

小玲："我不是很想去你的朋友聚会，那里人太多了。"

阿强："你怎么那么害羞呢？大家都很喜欢你，你应该更放松一些。"

小玲感到阿强没有理解她的感受，而阿强则认为小玲过于内向。

情境二：小玲希望阿强能更多地关注两个人的私人时间，而不是总是与朋友外出。

小玲："我觉得我们最近都没有怎么单独在一起。"

阿强："我们不是每天晚上都在一起吗？你还想怎样？"

在这个案例中，小玲和阿强之间的沟通存在以下问题。

在情境一中，小玲没有充分清晰地表达自己的需求，而阿强也没有理解小玲对于社交场合的不适感，武断地假设小玲不愿意参加聚会是因为害羞，没有进一步探究背后的真实原因。因此，这是一次无效的沟通，双方没有达成沟通目的。

在情境二中，小玲在表达自己的感受时，没有明确指出她的具体需求，使得阿强难以理解她的期望。而当小玲提出想要更多私人时间时，阿强的回应也是带有防御性的，没有展现出愿意倾听和解决问题的态度。因此，此次沟通也是失败的。

具体说来，小玲应该更清晰地表达自己的感受和需求，比如具体说明她希望如何安排私人时间，充分说明作为一个 i 人在面对大型社交场合时内心的真实感受。同时，阿强也应该更加耐心地倾听小玲的话，并尝试理解她的感受，而不是立即作出假设。双方应使用非暴力沟通的方法，先表达感受，然后说明需求，最后提出具体的请求，以便在社交活动和私人时间安排等问题上达成共识。这样，男女双方才可以通过清晰的表达和有效的沟通，更好地理解彼此的需求和感受，这种沟通才是促使彼此关系更和谐的渠道。

这两段话相当让人无奈，男孩从一开始就清晰地表达了自己的观点，但是沟通效果不理想，原因就在于男孩把沟通与表达混淆了。说出自己的真实想法只是表达的开始，对于完成有效的沟通还远远不够。恋爱中的男孩们如果是真心想实现与女朋友的有效沟通，必须要充分了解女孩在沟通中的习惯，比如女孩是简单直白型、敏感浪漫型还是理智聪慧型，根据她们在沟通中喜欢的相处模式，来确定自己的语言表达方式，并且一定要预估沟通将达成的效果，而不是简单地将想法表达出来，却不在意对方的反馈——这样的表达，还不如不表达，这样的沟通，更是只会给自己增加烦恼。

职场中也是如此。比如有一位下属对他的老板说："老板，我发现最近的原材料涨价了，但是包装纸没涨……刚才物流公司也打电话来说要提价，我又比较了其他几家的价格，发现他家不是最贵的……还有，我们的竞争对手也涨价了……但是幸好，我们的广告费花得比较多……"一段话说完，老板不知道下属到底想要说什么，单看下属说的每一句话确实都是清晰表达，但是连在一起却显得逻辑混乱。

如果下属想清晰表达并实现有效沟通，不妨这样说："老板，我认为咱们的产品应该涨价20%。第一，最近原材料都涨价了，物流成本也上涨了；第二，竞争对手的产品价格全都上涨了10%~20%，我们应该跟进；第三，因为广告费超标，我们还应该为广告费留出空间……"这样的话，老板才知道下属要说什么，从而实现有效的沟通。

我们从逻辑学相关知识来把握清晰表达与有效沟通这两个概念，应该能够有所收获。首先，从逻辑关系上看，清晰表达是交往的基础，在交往中，表达者须做到意思清晰、表达清楚，所用媒介也许是语言，也许是动作，也许是眼神。有了清晰表达作为前提，人们才能有效沟通。倘若对方连你的意思都没有明了，何谈沟通的有效性呢？二者在逻辑学中是一种传递关系。

其次，从逻辑对象上看，清晰表达注重的是一方的感受，说话者为了展现自我，尽可能地将自己的意思表达清楚，在表达过程中关注的焦点是自我感受。比如，自己的表达是否充分，情绪是否洋溢，表达的效果自己是否满意，等等；而有效沟通中，一方从一开始就带有某种目的，并希望通过本次沟通能够实现它。在沟通中，他或许需要热情洋溢，也或许只需要当一位忠实的听众，倾听对方诉说。在整个过程中，他不再只关注自己的个人感受，而更多是根据对方的情况，随时调整自己的状态。只要能够通过沟通达成某种共识，那么此次沟通就是有效沟通。

最后，从本质属性上看，概念的特征终究是由内涵决定，本质属性是内涵的特征，此事物与彼事物之间的区别，并不是外在呈现的形态，也不是内在表现出来的一些明显特征，而是根植于事物中的本质属性。清晰表达的本质属性是明晰地表述一个事件，有效沟通的本质属性是通过传递和反馈得到一个结果。

四、逻辑是有效沟通的工具

人作为社会生活中最小的个体，天生就有社会交往的需求。在社会生活中，人与人之间有着千丝万缕的联系，这些联系构建了各种关系；在各种关系中，人扮演着不同的角色，并且还会因为环境的变化、对象的不同，而不停地转换社会角色。在对应的角色之下，人与人之间又需要进一步沟通，于是有效沟通就显得非常重要了。

有效沟通需要真诚的态度、和谐的氛围、清晰的表达、规范的礼仪，甚至还需要得体的着装、恰如其分的妆容、温暖的微笑……每个因素似乎都不是必需的，但是每个因素又都非常重要。在交往中，人们只有不断地提升自己的沟通能力，才能在与他人的沟通中实现社交目的。沟通能力包含表达能力、倾听能力和设计能力，设计能力又包括形象设计、动作设计、环境设计。一般情况下，沟通能力指沟通者所具备的，能胜任沟通的优良的主观条件。我们也可以理解为，人际沟通的能力，是指一个人与他人有效地进行信息沟通的能力，其中包括内在动因和外在技巧。内在动因是沟通的根本，外在技巧是为内在动因服务的。

比如，父母与子女之间的沟通。传统的家长制沟通方式，是父母命令子女要这样做、要那样做，要子女完全听从父母的要求，父母的内在动因是支配孩子，让孩子无条件服从自己，父母站在具有压倒性优势的位置上。在那样的关系之下，也就几乎不存在外在技巧了。随着经济社会发展，人类文明进步，这套沟通方式已经不能适应现代社会了，父母与子女的沟通不仅需要重新审视内在动因，更需要注重外在技巧。而今父母的内在动因很大程度地发生了转变，他们不再居高临下地支配孩子，而更多是希望孩子健康成长、幸福生活。但是，大部分父母仍沿袭着当年自己父母采用的教育模式。

在社会环境已经发生变化的情况下，父母与孩子沟通的外在技巧虽然有所改变，但是这种沟通本质上依然具有很强的主宰意味，不过换成了另一种形式，即父母会以"都是为了你好"的名义来变相支配孩子。在此内在动因影响下，父母与孩子沟通的外在技巧也发生了一些变化：从前是粗暴干涉、谩骂甚至棍棒相加；现在则按照自己的方式增加孩子的学习任务，干涉孩子的兴趣爱好，侵犯孩子的个人隐私。很多父母想当然地认为，没有打骂，便代表了对孩子无尽的爱，他们其实只是让行为披上了爱的外衣，内心却依然想支配孩子，让孩子变成自己希望变成的样子，再想当然地认为孩子是健康成长的、是幸福生活的。殊不知，这样的沟通从一开始就是不平等的，它只是一种新时代下的、异化了的家长制。在绝对支配的内在动因本质没有改变的情况下，那些对孩子的以爱为名的不尊重行为，也不过是一种苍白无力的外在技巧。诚然，天下父母都希望孩子成才，但是他们如果不尊重教育的客观规律，不遵循孩子的成长规律，不摸索沟通的规则和方法，很多重要的沟通都是无效的，结果也常常是失败的。

提升沟通能力需要注意两个方面：一是思维清晰，能有效地收集信息，并做出符合逻辑的分析和判断；二是无论口头还是书面，能确切地表达出自己的思维过程和结果。相对而言，前者更重要，因为没有思维作为基础，再好的语言技巧也不可能达到人们期望的沟通结果（如传达、说服、影响等）。而逻辑是有效沟通不可或缺的工具，这需要从一些逻辑知识中引申理解。

逻辑学关于"逻辑"这个概念有以下几种解释：一是指客观事物发展变化的规律；二是指某种特殊的理论、观点或看问题的方法；三是指人们思维的规则、规律。当然，逻辑还指逻辑学这门科学。若人们将逻辑置于社会交往中，学习一点逻辑知识，并且能够运用逻辑思维，将会提升沟通能力。比如，父母和孩子沟通，如果掌握一些逻辑知识，提升沟通技巧，也许孩子会理解和接纳父母之爱。这就要求父母做到以下几点。

一是尊重教育的客观规律。孩子的成长是循序渐进的，与之相伴的教育也需要按照孩子成长的节奏开展。孩子在每个阶段都有该阶段的学习能力，父母不可贪大求全，如在孩子年龄尚小时，就让他学习超出现阶段心智发展水平的技能，会人为地破坏教育规律。父母应该在孩子不同的成长阶段中给予他们关注，并充分挖掘相关能力，例如专注力、想象力、动手能力等。

二是遵循孩子的成长特点。每个孩子都是独一无二的，所谓经验，有可能只在别的孩子身上有作用，父母不要看到别的孩子上了一些培训班后成绩提高了，就一股脑儿地让自己的孩子跟风上培训班，而是要因材施教，帮助孩子建立良好的习惯，与孩子一起总结学习上的规律，尊重孩子的爱好和特长，让孩子做主，选择孩子喜好的技能，才能使孩子保持理想的身心状态，高效地学习。

三是摸索沟通的规则和方法。一段良好的关系是沟通的前提，社会交际中的沟通双方如是，父母与孩子亦如是。把孩子当作自己的私有财产，想怎样摆布就怎样摆布，这种观点显然是错误的。如果孩子因此抵触父母、害怕父母甚至讨厌父母，一切沟通也就终将无效。所以父母与孩子的沟通，一定是放下身段，俯身倾听的沟通；一定是己所不欲，勿施于人的沟通；一定是没有比较，充分尊重的沟通；一定是鼓励式沟通。但如果父母把孩子当作心肝宝贝，想要什么就满足什么，这种做法则是走向另一个极端。如果孩子和父母身份错位，父母失去了基本的权威。孩子成了家庭的核心，这种建立在失去平衡的关系之上的沟通依然无效。

逻辑的基础性，注定了逻辑自带"求真"的属性，人类崇尚真、追求真、渴望真，在社会交际中，真诚胜过所有技巧。逻辑的工具性，让逻辑与许多学科产生了融合，比如逻辑学与语言学的结合产生了语用学。语用学中，对说话人、听话人、时间、地点、语境等语用要素进行研究，能够有效增强说话人的沟通能力。逻辑思维能力是指正确、合理思考的能力，即对事物进行观察、比较、分析、综合、抽象、概括、判断、推理的能力，也指采用科学的逻辑方法，准确而有条理地表达自己思维过程的能力。

逻辑思维能力与沟通能力相辅相成。一是逻辑思维能力对于沟通能力的提升是至关重要的。逻辑思维能力是一种思考和分析问题的能力，它能够帮助人们在进行沟通时更加清晰地表达自己的观点和想法。二是沟通能力对于逻辑思维能力的提升也起着至关重要的作用。沟通能力包括语言表达能力、倾听能力、说服能力等等，这些能力都可以帮助人们更好地理解他人的观点和想法，并通过与他人进行交流，不断加深对事物的本质和规律的理解，从而提高逻辑思维能力。三是逻辑思维能力和沟通能力之间还存在一种相互促进的关系。逻辑思维能力可以帮助人们更好地组织和表达自己的思想，而沟通能力则可以让人们更好地与别人交流和互动。所以，逻辑是沟通的有效工具，帮助我们更好地与人合作。

五、有效沟通必须遵循的逻辑基本规律及规则

人们的主观思维和客观世界服从于同样的规律，因而二者得出的结论必然不是相互矛盾，而是相互一致的。因此，遵循规律是做事情达到高效的前提之一。

掌握逻辑基本规律对日常思维和论辩非常重要。在社会交际中，人们要实现有效沟通离不开逻辑思维，逻辑思维又必须遵循逻辑基本规律。逻辑基本规律包括矛盾律和排中律。

亚里士多德把矛盾律表述为："对于同一对象，两个互相矛盾的肯定与否定不可能同时为真。"这就要求个体的逻辑思维必须具备一致性，即同一个人不同时期的思维必须前后一致，使他可以自圆其说，不能自相矛盾。在社会交际中，有效沟通需要个体根据情境，灵活运用矛盾律。

比如，公司的项目经理张先生在项目启动会议上对团队成员提出了以下要求：

"我们需要在下个月之前完成这个项目，所以请大家加班加点，确保项目按时完成。

"同时，我也希望你们能够维持工作与生活的平衡，不要因为工作而忽略了个人生活。"

这里，张先生首先强调了项目截止日期的紧迫和加班工作的必要性，然后又提到了保持工作生活平衡的重要性。这两个要求在实际操作上很可能是相互矛盾的，因为加班会占用员工的个人时间，影响休息，这样，员工的工作与生活的平衡就会被打破。

这种沟通可能令员工感到困惑，他们将不知道如何在截止日期前完成项目的同时，还能照顾到个人生活。为了打消这种困惑，公司领导应该提供一个更加明确和实际的指导方案，比如重新规定工作时间，确保员工有足够的时间休息，或者在必要时提供额外的支持，帮助团队高效完成项目。同时，公司领导也应该鼓励团队成员在必要时提出自己的需求，以便找到理想的解决方案。

与矛盾律相应的另一项逻辑基本规律是排中律，表述为："在同一时间、同一方面，同一对象或者具有某属性，或者不具有该属性。"这就要求个体思维必须明确清晰，不能模棱两可。

比如某天，小明带着自己的足球在教室外的走廊上玩耍，刚下课路过的老师提醒他道：

"这里是教室走廊，同学来来往往，人很多，周围还有窗户玻璃，不要在这里踢球，要踢就去球场踢。"

这种沟通显然是符合排中律的，属于说话者的明确指示。然而在实际生活中，这种表达的效果未必理想。

小明看了老师一眼，没有回答，继续在那里踢来踢去，不一会儿就将教室的窗玻璃打碎了，于是小明收起球跑回了教室。同学看见后，就向老师报告小明踢球打碎了玻璃的事情。小明的班主任知道这件事后，将小明叫到了办公室，说道：

"小明啊，你喜欢踢球是个很好的爱好，老师支持你；下课后主动走出教室锻炼身体，有助于更好地学习。这非常好，但是有一点，下次你再想锻炼身体，还是要去球场踢。在走廊里踢不仅会影响到其他老师和同学，还可能破坏校园内的公共设施。这样不好，但是我也不批评你。打碎窗户玻璃的钱，怎么办呢？"

小明搓着手悸悸地说："老师，我没有钱。"

班主任苦笑道："那只有老师帮你垫上了，下不为例。"

班主任本应该对小明的行为进行一番严厉的教育，并要求小明做出赔偿。但事实上他在处理赔偿事宜时，做出了折中的处理方法。选择了一种既不表扬也不批评的中立态度，同时，也明确指出了小明行为的后果，并提出了解决问题的方法，即老师垫付费用。

德国哲学家雅斯贝尔斯说："教育的本质是一棵树摇动另一棵树，一朵云推动另一朵云，一个灵魂唤醒另一个灵魂。"班主任在小明做错事情时，没有讲大道理，没有责怪，更没有惩罚，而是首先肯定了小明爱好运动的好习惯，小明得到了一个正向反馈。在沟通中，当听话者放下心理抵触情绪时，他将更愿意倾听对方说话的具体内容，进而从心底接受说话者的意见和建议。班主任通过肯定的方式打开了与小明继续沟通的大门，说出了"小明不应该在教室走廊踢球"这一事实，让小明明白了班主任的意图。然后班主任主动替小明支付踢碎窗户玻璃的钱，让小明牢牢记住这次不好的行为给班主任带来的麻烦，这种原本自己的麻烦转嫁到别人身上的感受，相信比惩罚更让小明难受，小明也因此警醒，明白了下次不能犯同样的错误。

老师既不表扬也不批评的做法，虽然在情感表达上显得有些矛盾，但在逻辑上并没有违反排中律，因为老师对于小明踢球这一行为的每个方面都给出了明确的立场。老师的多个观点可以同时存在，即支持小明锻炼但反对其在不适当的场所踢球。这种情况更多地涉及价值判断和行为指导，而不是逻辑规律的违反与否。

总的来说，老师在沟通中保持了逻辑上的一致性，尽管他在情感表达上可能给小明造成了一些困惑，但是他的行为体现了一种平衡的教育方法，旨在教导小明在追求个人爱好的同时，也要考虑到他人以及公共财产的安全。

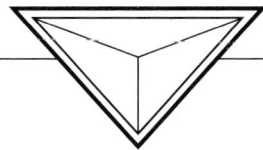

／第二章／

沟通要有说服力：用逻辑掌握主动权

一、确定性原则：有效沟通的基石

【逻辑知识点】

概念明确，前提真实。违反同一性，会导致偷换／混淆概念，或者产生转移论题的逻辑错误。

沟通的基石是确定性。在人际交往中，说话人和听话人必须基于同一个话题进行交流，否则一旦我说的和你听到的，或者你想听的和我所说的不一致，就会出现不确定的问题，也就是俗话说的鸡同鸭讲。庄子《秋水》中说："井蛙不可以语于海者""夏虫不可以语于冰者"。从逻辑学角度来看，我们在沟通交流中，必须要明确概念；只有明确了概念，才不会总犯违反同一性的错误。

概念是人脑反映客观事物本质属性的思维形式。本质属性区别于一般属性或者事物特征。与矛盾律、排中律并列的同一律是逻辑规律中的一项重要内容，它指在同一时间、同一方面，同一对象如果具有某属性，则其具有该属性。在同一时间、同一方面，同一对象如果具有某关系，则其具有该关系。在沟通中，同一性就是指沟通双方思维中的概念必须有确定的含义，不允许意义混淆。

比如，一位以主持历史科普节目闻名的大学教授在参加一档节目时，有观众评论，说他作为一位大学教授，不在课堂里传道授业解惑，却跑去参加电视节目，置学生于不顾；还有评论说他不是学历史的，却讲历史，属于不务正业。教授对以上言论进行了逻辑梳理。一是对"大学教师参加电视节目是置学生于不顾"这个概念的纠正。他说作为大学教师，当初他参加电视节目时，从来没有给学生少上一节课；参加现在这个节目时，他已经退休了。二是对"不是学历史的，却讲历史是不务正业"这个概念的纠正。他说：我不承认我是不务正业，我只承认我是"不务专业"，我的确不是历史学专业的，但是谁规定大学学什么专业，以后就一定要从事与专业有关的工作？在现场，他还对从其他专业转行的主持人说：你不是学播音主持的，不也在做主持人的工作吗？教授面对观众的不理解，没有恼怒，也没有大声反驳，而是从对方的言论中迅速提炼出概念，按照逻辑学中关于概念的要求，对问题中的概念作逻辑梳理，然后找到其中的瑕疵，继而进行有效的辩护，不仅有礼有节，而且有理有据。

再看一个案例。张老师在班会课上说："同班同学要互相帮助。"于是课后，小兵把作业借给小明抄，张老师知道后非常生气，将二人叫到办公室。

张老师问："怎么回事？为什么要抄作业？"

小兵不解地对张老师说："您不是说同班同学应该互相帮助吗？"

张老师无言以对。

"帮助"是这个案例的中心词，也是一个概念。"帮助"的本质属性是辅助，是一个人在别人需要自己的时候，能够提供合法的、有效的物资或者行动。而小兵是完全替代了对方，不是进行辅助。小兵将自己的作业给小明抄，并不会让小明得到真实的收获，反而会让小明滋生不劳而获的思想，进而养成依赖的坏习惯。小兵没有真正领会张老师所说的"帮助"这个概念的含义，才会将"帮助"的一般属性理解为本质属性。根据"帮助"的本质属性，我们应该知道，"帮助"是指你必须自己先去做，必须先有所行动，在通过自己的方式和努力无法完成目标时，才寻求别人的帮助，被求助人提供的是在求助人能力不足以独立完成某项任务的基础上的辅助，而不是包办和代替。因此，小兵的行为不仅没有帮助小明，可能还变相地害了小明。

生活中，人们常常遇到有人向自己寻求帮助的情况，在自己愿意且力所能及的情况下，给予别人帮助无可厚非。但是，有时候人们会遇到一些自己并不情愿帮忙的请求。

一个你好久不联系的同学，突然打电话给你："××，好久都没有联系了，你现在好吗？"

你回答："还可以。"

他又问："你方不方便？"

此种发问，其实已经预设回答人的说话内容。发问人知道，大部分人对于这种貌似善意的问候是不会拒绝与抵触的，有鉴于此，只要对方对这个问题给出肯定回答，他就可以顺理成章地提出自己的需求了。

的确，在大多数情况下，人们明知以对方与自己之间这种不痛不痒的关系，在这样低的联系频率下，偏偏又嘘寒问暖地发问，估计是为了提出一些额外的要求做铺垫，但是碍于情面，又不好驳人脸面，只能勉强回答。

"嗯，方便。你说什么事情？"

于是，对方便开始提出联系的真正要求。你在电话这头可能内心十分不悦，应付地回答着甚至还答应对方的请求，因为你顾虑别人的感受，而不好意思中途再度拒绝对方。其实，在社会交际中，人与人之间的交往保持着一种默契，你与对方的亲疏关系，在你的心里是有较为准确的定位的。如果关系达不到你非帮不可的程度，简单明了地结束通话是更行之有效的办法。所以当对方问你方不方便时，你可以简单而干脆地回答："不方便。"

这样的回答是基于逻辑学中的同一律破坏对话的基础，因为对方已经预判到你的回答大概率是"方便"，所以要想尽快结束这样的对话，你可以主动破坏双方头脑中的共识，让对方没有继续开口的对话基础。回答"不方便"不仅可以明确地告诉对方，你对话题没有兴趣，而且也隐含了你没有与对方达成共识的意愿。这就让对方明白，你不认为与他的关系近到了可以求助的程度，从而知难而退，不再给你添麻烦。

数学上的"套袋原理"①是一种偷换概念的典型例子。比如，小李是一名忙碌的项目经理，他经常需要处理紧急任务和加班。一天，他向他的上级张经理请求调整工作安排，以便能够参加一次重要的家庭聚会。

小李："张经理，我想请您调整一下下周的工作安排，因为我需要参加一个家庭活动，希望能请一天假。"

张经理："小李啊，首先，你每周的工作时间是 5 天，每天 8 小时，这意味着你每年的常规工作时间大约是 2 080 小时（考虑到一年大约有 52 周）。其中还包含了你的午餐、咖啡时间；其次，除了这些工作时间，你每年还享有至少 20 天的带薪休假，这些休假天数是为了保证员工的休息和工作与生活之间的平衡的。再加上每周的周末时间，即你一年大约有 104 天不工作，这进一步增加了你的非工作时间。如果我们将这些假期和周末时间累计起来，可以看到，在一年的时间框架内，你大约有 120 天（20 天休假加上 104 个周末天数）不参与工作，这占到了全年工作日的近 30%。现在，你提出的额外请假申请，虽然出于个人，我是可以理解的，但我也需要考虑它对我们团队整体工作安排的影响，以及你个人年度工作时间内实际工作时间的进一步减少。现在你还要请假？"

小李："张经理，我理解我们工作的重要性，但我的家庭活动也是我生活中非常重要的一部分。我希望能够得到您的理解和支持。"

---

① 在数学上，类似于把不同意义的量给加在一起，这在逻辑上就违反了"同一律"。这种类型的诡辩就属于偷换概念，数学上称为"套袋原理"。——编者注

张经理："我明白你的立场，但是我们需要考虑的是工作效率和团队的整体利益。你请假会影响项目进度，这不仅仅是你个人的时间问题。"

在这个案例中，"打工人"① 都知道，"工作日"是法律规定的必须提供劳动的时间，这个时间是要为单位提供劳动的，其余时间是自己可以支配的时间。张经理将工作时间内的休息时间（如午餐、咖啡时间）、周末、法定假期与工作时间相混淆，以此来强调小李似乎已经有很多不在工作的时间，方便其达到不想批准小李请假的目的。这种沟通方式实际上是在偷换概念，因为它忽略了工作日和个人时间之间的区别，以及员工在工作之外的个人生活需求。张经理的这种诡辩手法可能会让小李感到自己的请求是不合理的，从而影响他们之间的关系和工作氛围。正确的沟通方式应该是理解和尊重员工的个人需求，同时寻找合理的解决方案来平衡工作和个人生活。

有效的沟通必须建立在确定的基础上，若沟通双方没有明确的交谈目标，对目标没有达成基本的共识，就非常容易在人际交往中被对方牵着鼻子走。在复杂的人际交往中，要达成基本的共识也非常困难，但在面临特殊的情况和外部因素的干扰时，逻辑学里的概念就可以成为人们沟通交流的参考。只有围绕逻辑学概念，遵循同一律的要求，才能达成基本共识，才能让沟通顺利展开。

---

① 网络流行语，为很多上班族的自称。——编者注

二、理性原则：实时调整沟通方案

【逻辑知识点】

判断恰当。判断是人脑对客观事物有所断定的思维形式。

理性，和与之相对的感性，皆是思维的外化。思维是人的大脑对客观世界的概括性、间接性的认识和反映，即思维是一种认识活动，是对客观世界的认识过程。哲学理论将人们对客观世界的认识分为两个阶段，一个是感性认识阶段，一个是理性认识阶段。感性认识包括感觉、知觉和表象；感性认识的特点是直观性和表面性。所谓直观性，是指人的感觉器官直接与客观对象接触，以获得感觉、知觉等。这种认识是对客观对象表面特性的认识，并没有触及其本质，也就是表面性。理性认识的特点是间接性和概括性。所谓间接性是指不是直接通过感觉器官而是通过其他媒介，也就是比较、分析、综合、抽象、概括等反映活动来认识客观事物。通过这些反映活动对事物的认识不再是对事物在表象上的个性，而是它们内在的共性提炼出的理解，也就是概括性。

在人际交往中，要做到沟通顺畅，必须同时理解感性与理性。一是两种认识具有时间上的先后顺序，任何理性认识都是在感性认识的基础上产生的。如果我们观察人的认识过程，会发现一定是先有感性认识，继而在感性认识的基础上产生理性认识。当然，时间上的顺序不是因果上的关系，并不能说明人只要有感性认识，就一定有理性认识，有的人虽然积累了大量的感性认识，但是终究无法上升到理性认识。比如，有的人之所以会犯两次甚至几次同样的错误，是因为他们在第二次犯错时，对于自己所犯的错误，已经有了认识的基础，但是因为这些认识没有经过大脑深层次的加工，没有通过比较、分析、综合、抽象、概括等一系列逻辑手段被进行二次加工，所以并未在他们的大脑中形成理性认识。二是两种认识不是低级与高级的关系。感性认识在理性认识的前端，它是理性认识的基础，处于初级阶段；但是，感性认识却不处于低级阶段。感性认识并非逊色于理性认识，两种认识所服务的路径不一样。创作型的艺术家和理论研究型的艺术家就正好体现了这两种认识之间的差别。艺术创作需要非常纯粹的感知，艺术家通过与创作对象自然接触，创作出更真实、打动人心的艺术作品。而理论研究则需要运用逻辑形式将理论提炼出来，理论被总结出来之后，供人们学习、交流、传播和教育使用。前者运用了感性认识，后者则运用了理性认识，两种认识产生出两种不同的成果，两种成果都非常重要。所以，并没有所谓的感性认识低级，理性认识高级这一说。

沟通的过程是两种认识共同作用的结果，但是就沟通实现的路径而言，理性认识在沟通中更加重要。沟通中人要不断通过感性认识来得出理性判断，在交谈中观察对方，总结对方的特点，形成理性判断，不断调整沟通方案，才能实现高效的沟通。

比如，女子问自己老公："我是不是胖了？"

老公回答："好像有点胖了。"

女子生气道："你是不是早就嫌弃我了？我只是感觉自己有点胖了，但是也不明显。你都没有仔细看我，就脱口而出'好像有点胖'，你是不是喜欢苗条的，你说？"

此刻沟通已经无法继续了。因为女子的第一个问句其实不是疑问句，而是需要否定答案的反问句。男子如果对自己妻子有充分的关注，即日常中不断积累的感性认识，就能够对自己妻子的性格和脾气有一定的认知，即所谓的理性认识。这种理性认识就是一种判断，男子有了对自己妻子的判断，才能对妻子提问的目的有所了解：这种貌似不走心的提问，其实是妻子对丈夫的一种试探，她需要的是对她本人的肯定。那么答案已经很明显了：男子一开始就应该否定女子提出的"我胖了"这个假设。而男子如果要实事求是地回答，就只会出现上面的结果。

日常交往中，人们要学会对沟通的场合、对象、目的进行分析。为了在特定的场合，面对特定的对象，达到特定的目的，我们需要对答案进行预估，而不是仅仅针对问题作出事实性的回答，因为很多答案是不言自明的，按照既定的答案回答即可。有人认为，这样就是不诚实，没有真实地表达自己的观点，并不是坦诚的社交。诚然，真实表达自己的观点无疑是正确的，但我们同样要考虑另一个问题：你沟通的目的是什么？是要实现一定的目的，还是需要真实地表达自己，这取决于你个人的选择，选择怎样的目的，就使用什么样的方式去实现。如果在沟通中，你既能够实现自己的目的，又能够真实地表达自己，二者实现统一，那当然是更好。

国家领导人通常需要定期外出友好访问。国家和人一样，需要不断地与外界沟通、交流，国家之间的沟通、交流同样需要遵循理性原则。双方若想实现顺利合作，有效沟通必不可少，且双方需要根据两方乃至多方的历史文化传统、逻辑思维方式、价值观念、企业文化、工作方式、语言习惯、法律法规、社交礼仪等的不同，实时调整沟通方案，对沟通进程的每一步做出恰当的判断。随着大数据信息时代的到来与综合国力的增强，我国与其他国家间的联系越来越密切，尤其是在经济领域，我国与其他国家的经贸往来持续深化，合作前景广阔。在国际社会中，中国以共同利益为目的，积极与其他国家深度沟通交流，助力中国社会高质量发展。

所以，在沟通交流中离不开对对象的判断。逻辑学中的"判断"，是指人脑对客观事物有所断定的思维形式。判断是形成推理的条件，正确的判断才能得到正确的推理，而正确的判断来源于人对事物的认识，因此，人对事物的准确认识至关重要。在人际交往中，人对事物的认识就是人对沟通对象的认识，这些认识包含了感性认识和理性认识。只有不断地积累感性认识，不断地提升理性认识，人对沟通对象的判断才越准确，人在沟通中就越能够实现既定目标。

三、合作原则：各得其宜，实现共赢

【逻辑知识点】

格赖斯的"会话隐涵"，指说话者的话语所传达的意义可分为两个部分：一部分是话语的言说内容，另一部分是话语的隐涵内容。

1967 年，美国语言哲学家格赖斯在哈佛大学的系统演讲中提出了"隐涵（implicature）"的理论。后来先后公开发表了演讲中的两部分，即《逻辑和谈话》（1975 年）和《对逻辑和谈话的几点说明》（1978 年）。自此以后，隐涵理论就成为语言逻辑学家的重要研究课题。

格赖斯的理论认为，在人们的谈话中，说话者的话语所传达的意义可分为两个部分：一部分是话语的言说内容，另一部分是话语的隐涵内容。话语的言说内容，就是通常所说的"真值条件"的内容。对于话语的隐涵内容，格赖斯将其分为"约定隐涵"和"非约定隐涵"。约定隐涵的内容不是通常所说的真值条件的内容，而是话语在沟通双方达成共识的特殊语境下所具有的含义，非约定隐涵的内容则是话语约定隐涵之外的隐涵。格赖斯主要讨论非约定隐涵中的谈话隐涵。

谈话隐涵是合作交际中话语的隐涵，是根据合作原则及其准则得出的隐涵。格赖斯认为，人们在谈话中，总有一个共同接受的谈话目的，在谈话中的各个阶段，也可以有各个阶段的目的；谈话的合作原则是在一个谈话和其各个阶段中，谈话的参与者相应于谈话的目的和要求应当做出自己的积极贡献，这一原则称为"合作原则"。合作原则下的准则包含数量准则、质量准则、关联准则、方式准则。

比如，开车游览美国的露西说："我没有汽油了。"

当地人丽丽回答："前面拐角处有一个修车铺。"

露西愣了一下，即刻明白丽丽的回答，开着车径直到了修车铺。

露西和丽丽谈话的目的是：露西想得到汽油。根据丽丽说的这句话，按照关联准则要求，丽丽的这句话必定是和让露西的汽车加上汽油有关的。则可得出：丽丽说这句话时运用了谈话隐涵，其意思是："美国的修车铺一般也兼售汽油，在修车铺可以加油。"露西和丽丽遵循了合作原则，所以她们的对话虽然只有寥寥数语，却是有效的沟通。

在沟通中，双方的谈话目的很重要。共同的谈话目的决定了谈话双方能达成某种默契，在这样的默契下，双方才会通过沟通做出积极的贡献，促使某种目的达成。

比如，网上有一个大学生晒了向家长讨要生活费的段子，让网友忍俊不禁。

孩子："母上大人。"

母亲："此人暂时失联。"

孩子："妈，你就不问问我最近情况如何，吃得好吗？身体好吗？学习好吗？"

母亲："好吧，你最近好吗？"

孩子："不是很好。"

母亲："那就多喝温水。"

孩子："母上大人，您就不问问我哪里不好？"

母亲："喝了温水就好了，多休息会儿，这会儿就躺下休息，不说了。"

孩子："你是我亲妈吗？"

母亲："如果你一直问这个问题，我也可以不是。"

孩子："你怎么这么说话，我确定你不是亲妈。"

母亲："我们估计是'摇一摇'不小心加上的。好吧，你也可以把我删掉，再不见！"

孩子："你多大了，怎么这么幼稚？"

母亲："好吧，我不配出现在你的微信联系人中，你把我删掉，再不见！"

孩子："好妈妈！"

母亲："这会儿又不删了。"

孩子："母上大人，我今天生日，没有祝福和礼物，所以我不好。"

母亲："好吧，祝你生日快乐！"

孩子："谢谢母上大人，祝福收到了，礼物没有收到，所以我还不太好，收到以后就完全好了。"

母亲将微信表情中的花和各种礼物统统发给了孩子，并说："这些礼物都给你，现在好了吗？"

孩子很无奈，很久才打上一句话："母上大人，我口袋空空，腹中空空，脑袋空空。可以给我点钱吗？"

母亲："此人有事，不能接听电话、微信，待会儿有空回复。"

孩子彻底无语了。

这是一段大学生与母亲的有趣对话。根据双方沟通中的默契，母亲知道孩子是为了要钱才发信息的，所以无论前面怎样的开场，中间怎样铺垫，后面怎样结尾，母亲都一直在主动破坏合作原则。孩子使劲将话题引向"自己差钱，需要转钱"上，母亲则始终不配合，只字不提"转钱"的事儿。尽管母亲与孩子一直在沟通，但只要母亲坚持破坏谈话，孩子就无法实现自己的目的。这个例子只是调侃，现实生活中的母亲一定是非常疼爱自己孩子的，只要是孩子正常的需求，所有家长都会表示支持并满足其需求。例子中这样具有戏剧色彩的沟通方式，未尝不是母子情深的另一种体现。这位母亲深谙沟通技巧，在与孩子的沟通中通过有意破坏合作原则中的方式准则，让孩子始终无法将话题引到自己需要实现的目的上，导致此次沟通始终无效。整个沟通的过程没有一句提到"多关心家，适当关心一下爸妈，不要到让我们给你转钱的时候才想起我们"这样的话，却处处透露这个意思，让母亲成功反向表达了自己的诉求，这未尝不是一次家人之间的有趣交流。

要满足合作原则中的准则，就需要沟通双方避免使用晦涩的词语，避免歧义，说话要简要，避免赘述，有条理、高效指明谈话的目的所在。人际交往中的沟通，基于说话者和听话者的合作，否则只要一方不配合，沟通就无法进行。在沟通中，我们也要善于识别对方破坏合作原则的原因，有的是认知无法一致，有的是有意而为之。只有我们善于分析破坏沟通合作原则的原因，主动化解难题，才能实现有效沟通。

四、类比原则：由此及彼，顺理成章

【逻辑知识点】

类比推理＋中国古代传统推理类型：将心比心，推己及人。

　　依据逻辑学的传统看法，类比推理是"根据两个（或两类）对象在一系列属性上是相同（或相似）的，并且已知其中的一个对象还具有其他的特定属性，由此推出另一个对象也具有同样的其他特定属性"为结论的一种推理。

　　有人说："有效沟通是指一方能够让另一方轻松弄明白他原来并不明白的东西。"看似简单的话语，却道出了"沟通"的核心，也是实际沟通中很难做到的地方。每个人都是独特的个体，独特之处就在于思想上的差异。在你看来非常简单的道理，由于沟通对象的知识背景和你不一样，也许对沟通对象来说，理解起来就非常困难。又比如，对崇尚金钱的人来说，有钱也许代表幸福，可是当他们遇到视钱财如粪土的人时，金钱就不是万能的了，这正是由于沟通双方的价值观不一样所导致的。政府机关在特定的宣传日向公众普及行业知识时，如果没有特别的受众，他们就要考虑到大众的接受程度，宣传的内容和语言就要兼顾大众的普遍水平，否则这样的宣传可能不会达到预期的效果。在人际交往中，人们常常无法选择沟通对象，所以当遇到和自己不一样的沟通对象时，为了让对方轻松弄明白他原来并不明白的东西，就需要运用逻辑学中的类比推理。类比推理是一种通过比较两个相似的事物来解释新概念的推理方法。

　　在教学过程中，老师有时会使用类比推理，来帮助学生理解复杂或抽象的概念。比如，在张老师讲授初中物理课程中的浮力原理时，他的学生们发现这个概念难以理解，因为它涉及密度和体积等抽象的物理量。为了帮助学生更好地理解，他决定用一个日常生活中的例子来类比。

张老师：想象一下我们有一个装满水的浴缸，里面有各种各样的物体，比如石头、木块和塑料鸭子。现在，我想问问你们，这些物体在水中的表现会有什么不同？

学生A：石头会沉到水底，木块会浮在水面上，塑料鸭子也会浮在水面上。

张老师：很好，你们观察得很仔细。现在，让我们把这个场景和我们的浮力原理联系起来。石头为什么会沉下去呢？

学生B：因为石头很重。

张老师：对，石头的重量比它排开的水的重量重。这是因为一种看不见的力量，我们称之为重力，它在拉着石头往下沉。现在，想想木块和塑料鸭子为什么能浮起来？

学生C：因为它们比水轻。

张老师：没错，木块和塑料鸭子的密度小于水的密度。当它们被放入水中时，它们排开的水的重量，也就是我们说的浮力，大于它们自己的重量，所以它们会浮起来。这就像是水在给它们一个向上的力，让它们浮在水面上。

通过这个类比，学生们能够将抽象的物理概念与他们熟悉的日常经验联系起来，从而更容易理解浮力的原理。老师通过将复杂的物理现象与学生已知的浴缸中物体与水的互动相联系，有效地运用了类比原则来促进学生思考问题的积极性，激发了他们的好奇心和探索欲，使学生们在学习知识时更加生动、有趣。

在人际交往中，为了实现效果的最大化，运用类比原则，会比直抒胸臆更加有说服力。通过具体的事物表达与之相似的道理，更容易接受，沟通的效果也会更好。

比如，下面要讲的是一个关于"空杯心态"的故事。一位年轻的软件工程师小张在一家科技公司工作，他对自己的编程技能非常自信，认为自己在技术上已经十分出色。有一天，公司邀请了一位业界知名的软件技术专家李专家来进行内部培训。

小张听说李专家要来公司，他心想："我已经是公司的顶尖工程师了，他能教给我什么新东西呢？"

培训当天，李专家以非常谦逊的态度开始了讲解，分享了许多关于软件开发最新趋势的消息和优秀的实践案例。小张开始认真听讲，并很快意识到自己对李专家所说的某些领域知之甚少。李专家在讲解过程中提出了一些问题，鼓励大家参与讨论。小张尝试回答了一些问题，却发现自己的答案并不准确，开始意识到自己的知识可能并不像自己想象的那么全面。

李专家注意到了小张的态度变化，就用一个简单的类比来结束培训：

"想象一下，你的知识就像这个杯子——"说着他举起一个装满水的杯子，"如果你的杯子已经满了，你就无法再往里加水。但如果你愿意倒掉一些水，你就能再往里面倒水了。"他轻轻地将杯子倾斜，让一部分水流出，然后继续倒水。

小张恍然大悟，他意识到自己之前的态度就像一个"满杯"，是无法接受新知识的。他站起来，恭敬地对李专家说："谢谢您的教诲，我明白了，我愿意放下自己的骄傲，保持空杯心态，这样才能持续学习。"

通过这次培训，小张学会了保持谦虚和开放的心态，他开始更加积极地学习新知识，不断提升自己的技能。李专家的类比不仅让小张意识到了自己的局限，也激励了他继续成长。这个案例展示了"空杯心态"的重要性，即人只有在任何时候都保持谦逊和愿意学习的态度，才能不断进步和成长。

五、破与立：充分发挥力证与反驳的魅力

【逻辑知识点】

在"辩"中运用到的论证及具体的论证方法。力证：运用逻辑论证方法说服听众；反驳：驳斥谬误，揭露逻辑错误。

在人际交往中，我们有时候会遇到不是为了达成共识，而是为争一时

胜负的沟通对象，这类沟通对象沟通的着力点是反驳我们的观点，并尽力维护自己的尊严，这时的沟通就失去了平等，双方的沟通更像是一场辩论赛。在辩论过程中，一方需要力证，即运用逻辑论证方法说服对方；而另一方则需要反驳，用自己的论证来推翻对方的论证。

比如，加拿大前外交官切斯特·朗宁出生于湖北省襄樊市（今襄阳市），因为当时他的父母在中国工作。后来切斯特·朗宁回加拿大竞选省议员，在他竞选演讲结束后，便有反对者大放厥词，说他是喝中国奶妈的奶水长大的，具有中国人的血统，言外之意是切斯特·朗宁是中国人，既然是中国人，就没有资格参加加拿大省议员的竞选。反对者明知加拿大人在中国生活过一段时间并不能说明任何问题，但是却抓住这个问题大做文章，希望通过这样的方式让切斯特·朗宁难堪。反对者想让公众在竞选中，将注意力从对切斯特·朗宁能力水平的考量，转移到对他个人出生地这样与竞选关系不大的问题上。

然而聪慧的切斯特·朗宁没有正面回答这样的问题，而是选准时机在答辩中说："据权威人士透露，我是喝中国奶妈的奶水长大的，所以我有中国人的血统。但是诸位都是喝牛奶长大的，那岂不是都具有牛的血统吗？"众人哗然。一开始，反对者利用了逻辑学谬误的知识，称切斯特·朗宁的出生地在中国，对其进行人身攻击，认为他出生地不在加拿大，却要竞选加拿大的省议员，这对竞选中的切斯特·朗宁是不利的。但是切斯特·朗宁运用归谬法进行了有力反驳。归谬法是通过假定被反驳论题为真，然后据此推出荒谬的结果，从而确定被反驳的论题为假的反驳方法。通过使用众人熟知的错误观点进行归谬，继而展开反驳，其效果比直接反驳要好得多。

　　谬误对于思维的危险在于，它论述的过程虽然是错误的，但具有正确的逻辑论述的形式。在复杂问句中，就有这样一些形式指示着谬误的存在：一是同时提出两个或两个以上的问句，而只要求一个答案；二是用一个问题诱导出另一个待证明的问题；三是问题本身基于有错误的预设；四是问句本身是复杂问句，却要求一个简单的答案。以上基于逻辑谬误的设问都有一个共同点，就是回答者无论回答"是"还是"不是"，都会将自己置于不利的境地。

　　比如，在吉米·卡特角逐美国总统职位期间，为了阻挠他的竞选进程，对手阵营特意指派了一名女记者去对他母亲进行采访。

　　女记者："卡特说过假话吗？"

　　卡母："说过，但那都是善意的。"

　　女记者："什么叫善意的假话？"

　　卡母："比方说，您刚才进门的时候，我说您很漂亮。"

　　女记者的发问本身就基于错误的预设，即"说假话是不道德的"，希望以此攻击吉米·卡特的私德，但人在生活中显然不可能完全不说假话，所以吉米·卡特的母亲无论简单回答"说过"还是"没有说过"都可能带来麻烦。如果回答"说过"，那么在竞选美国总统这样关键的时刻，人们选举曾经说过假话的人当总统，好像是对自己的国家不负责任；但是如果回答"没有说过"，就不符合客观实际，因为正常情况下，普通人从小到大，不可能没有说过假话，如果吉米·卡特的母亲如此回答，民众对于吉米·卡特及其母亲，都会心生质疑。

吉米·卡特的母亲在回答这个问题时，一方面尊重客观实际，正面回答"说过"假话；另一方面也为建立对女记者的反驳而埋下伏笔"但那都是善意的"。如果女记者不追问，那么本次采访女记者的预设就不会完全实现，也就没有达到反对派预期的效果；但是女记者的追问，正是吉米·卡特的母亲需要的，在女记者的追问下，吉米·卡特的母亲进行了有力的反驳："比方说，您刚才进门的时候，我说您很漂亮。"这样的反驳，一来回应了什么叫善意的假话；二来暗示女记者事实上长得不漂亮，传达给对方的意思是：我没有一直说实话，因为这样会使你难堪。站在女记者的立场，她究竟希望听到真话还是假话呢？善意的假话究竟是不是不道德的行为呢？听众自有判断。女记者非但没有让吉米·卡特出丑，反而弄得自己很狼狈。所以，反驳是一种特殊的论证。女记者的问话显然不怀好意，吉米·卡特的母亲却识破了其中的谬误，而且反向利用了对方设问中的谬误，使对方顿觉尴尬，实现了自卫和反击的双重效果。

在"破"与"立"的较量中，识破谬误是非常关键的。除了前面提到的逻辑形式的谬误，还有非形式的谬误。非形式的谬误中有一类谬误是语言学的谬误，即如果论证中所使用的语言含混不清、有歧义或模棱两可，就会犯语言学方面的谬误，导致容易被对方反驳。

所以，在论证中使用的语言必须清楚、明确。

比如，在一起中学生流氓罪的历史案件起诉书中，起诉书指控几名中学生"在大街上看见两名女青年，顿生邪念，在女方身后尾随，追赶女青年，多次用语言调戏、纠缠……大耍流氓行为"。辩护人调查了有关情况后，从起诉书中的不当用词入手，找到了其中的谬误，进而开始反驳：起诉书中存在含混笼统的谬误，如"纠缠"究竟是动词还是形容词，含义不明确；几名中学生客观上存在阻挠女青年行为，还是控方认为几名中学生阻挠女青年，不得而知。起诉书中也存在断章取义或恶性抽象的谬误，如"邪念"只是一种心理活动，内心活动和客观行为有非常大的区别，几名中学生的客观行为并不能真实地反映他们的心理活动是怎样的；还存在语词歧义的谬误，如"尾随"可以理解为跟在人后面走，而人群中的路人不是走在人的前面，就是走在人的后面，走在别人后面并不能说明就是有流氓行为。由于辩护得力地指出了起诉书中的谬误，因此几名中学生不能被证明有流氓行为，被无罪释放。

需要注意的是，辩论的胜负往往只是根据公众所默认的共同准则和价值观决定的。因此不同时期的反驳往往只反映了某个时期的社会价值观和文化特征。所以，辩论经典案例中胜利一方反驳时的依据并不必然是放之四海而皆准的真理，这就需要我们在沟通中认真仔细地辨别真正的谬误所在，精准地找到谬误，后进行反驳。

六、利用权威影响：改变对方的观点与立场

【逻辑知识点】

诉诸权威：知识型、权力型、多数型。在实际沟通过程中借助权威来引导说服对方是人们惯用的方法。

诉诸权威是指：在论证中，不仅需要确信可靠的论据去推出论题，有时候也需要靠引用经典著作或者权威人士的言论去说明论题。诉诸权威分为知识型权威、权力型权威、多数型权威等。知识型权威是指经过在行业内或者本专业有很深造诣的学者提出的建议。权力型权威是指在行业内或者本专业位于领导地位的人提出的建议。多数型权威是指在行业内或者本专业大多数人提出的类似的建议。诉诸权威虽然在逻辑上不构成合理性，但现实中，权威人士的专业知识和实践经验构成了论证的事实依据，这对于沟通是至关重要的。

诉诸权威论证形式：

X 认为 A 是正确的。

X 是该领域的专家。

专家们（或经典文献、德高望重的领导、大多数有共识的人）认同 X。

因此，假定 A 是正确的。

一般情况下，相对确信可靠的论据，基本上可以推导出论题，但是，人们总是希望在确信可靠的论据基础上，通过来自权威的肯定，来增强自己支持的事物的可信度。

比如，小孩子动不动就会用"我们老师就这么说的""我爸爸也是这样说的"等来增强自己观点的说服力。小孩子在没有独立认知能力下，通常希望借助他们认为的具有权威的人所说的话，来佐证自己的观点。对权威的信任在我国古代社会尤其明显，因为宗法血缘制度是社会组织和秩序的基础。这种制度强调家族的中心地位和血缘关系的重要性，它对人际沟通和决策过程产生了深远的影响。一方面，受儒家文化影响，"君君、臣臣、父父、子子"的社会秩序成为普遍共识，人们普遍认可家族长辈和族长的权威地位。同时，古代的文化传播很大程度上依赖于口头传统和家族教育。因此，家族中的长者和权威人士在文化传承中扮演着关键角色。另一方面，在宗法血缘制度下，家族的经济资源往往由族长或长辈控制。这种经济权力的集中进一步加强了他们在沟通中的权威地位。同时，古代的法律和道德规范往往与家族和社会的权威结构相一致。宗法血缘制度下，家族内部存在严格的等级制度。族长或长辈因其年龄、经验和地位而拥有绝对的权威。在沟通中，他们的意见往往被视为最终决定，族人通常不会质疑。总之，家族和社会的结构、文化传统、法律道德规范以及经济资源的分配都强调了权威的重要性。在这种文化背景下，诉诸权威是一种非常普遍且有效的沟通策略。

发展至今，我们仍在借助权威来增强自己论点的说服力。

再比如，A制药公司开发了一种新的药物，用于治疗一种罕见的遗传性疾病。然而，患者社区对这种药物的认知度不高，导致他们对这种药物的疗效和风险心存疑虑，新药销量不佳。为了提高药物的知名度和接受度，公司决定邀请知名的医学专家张教授在一场重要的医学会议上发表演讲，以确保该药物的有效性和安全性。

张教授在会议上发表了演讲，他首先介绍了这种疾病的严重性和目前治疗的局限性，又详细解释了为什么现有的治疗方案不能满足患者的需求。

接着，张教授转向介绍A制药公司开发的新药物，他引用了自己在临床试验中观察到的数据，阐述了该药物的疗效和患者生活质量的显著改善。

张教授还提到了其他几位国际知名医学专家对该药物的评价，他展示了这些专家的推荐信和研究论文，证明他们也都认为这是一种有前景的药物。

在演讲的结尾，张教授呼吁医学界和患者社区关注这种疾病，支持这种新药物的研发和应用。他强调，尽管这种疾病的患者数量不多，但这些患者同样值得得到有效的治疗。

张教授的演讲得到了与会者的广泛好评。许多医生表示，他们将考虑在临床治疗中使用这种新药物，并将其推荐给患者。

通过张教授的演讲，A制药公司的新药物获得了医学界的认可和支持。张教授的权威地位和专业知识为药物的有效性提供了强有力的品牌背书，使得医生和患者更愿意尝试这种新药。由此可见，专业知识和实践经验在人与人的沟通中何其重要，人们在沟通中更倾向于相信权威人士的观点。在人们固有的观念里，医生、教师还有匠人，几乎都是越老越权威，越老越可信。

通过引用权威人士的观点和研究成果，A制药公司成功地说服了目标受众，提升了产品的信誉和市场接受度。然而，值得注意的是，诉诸权威策略的成功依赖于权威人士的专业性和实践经验，如果权威人士的观点并非基于其专业知识和实践经验，那么这种策略也会失去意义。因此，在使用诉诸权威策略时，确保引用的权威真实、可靠是非常重要的。

我们在对外和对内工作的沟通交流中，会遇到很多意见不统一的情况，这时如果我们对涉及的专业知识、法律法规非常熟悉，在沟通中就会有更多的底气和胜算。所以，我们要将本行业涉及的专业知识、法律法规认真仔细研读，并结合工作实际做好总结，通过专业知识和法律法规的权威性，使我们的沟通交流能切中事物的关键，更加具有说服力。

事物也有另外的一面。时代在向前发展，人们对于权威，也越来越有独立的认知。如今，人们开始对专家的观点和长辈的观点有了质疑，这种质疑可以培养个人的独立思考能力。

七、依托传统，借鉴前人智慧

【逻辑知识点】

诉诸传统、诉诸经验。主张合理借鉴传统，而非无原则地诉诸传统。

历史经过岁月的沉淀，留下了经过代代前人的实践检验、被证明为有效的经验，这可以使人们在前进路上少走很多弯路。正所谓"不听老人言，吃亏在眼前"，普通人要养成借鉴前人总结的有效经验的好习惯。人际沟通中，当我们试图说服对方时，可以举一些历史中相似的例子，或者年长者经历过的相似的例子，因为这些事例经过了前人实践的检验，其结局往往具有很强的说服力。

在中国南方的一个古镇中，有一个以制作传统手工艺品而闻名的家族。这个家族的现任族长是李老先生，他坚持传统工艺的传承理念，而他的孙子，李明，一个年轻的企业家，希望引入现代技术和设计理念来扩大家族生意。

李明："爷爷，我觉得我们应该考虑使用一些现代技术来提高生产效率，这样我们的产品可以更快地进入市场。"

李老先生："明儿，你知道我们的手艺是祖辈传下来的，每一道工序都有它的意义。我们不能为了追求速度就丢了传统。"

李明："我理解您的担忧，但我们也可以在保留传统的同时，适度引入新技术。比如，我们可以使用 3D 打印来制作一些辅助工具，而不是改变我们的核心工艺。"

李老先生："3D 打印？那是什么？我只知道我们的手艺是靠双手和这些老工具一代代传下来的。"

李明："爷爷，我明白传统的重要性。但您看，就像我们祖先当年也采用了当时的新技术一样，我们也可以在尊重传统的同时，适当地利用现代技术。"

李老先生："你说的有道理，但我们的祖先也从未忘记初心。我们不能让现代的东西盖过了我们的传统。"

李明："我完全同意。我们可以设立一个专门的传统工艺展示区，让顾客了解我们的传统工艺。同时，我们也可以展示如何将传统与现代相结合，这样既保留了我们的文化遗产，又能让生意发展。"

李老先生："这个主意不错。我们可以在展示区讲述我们家族的故事，展示我们的传统工艺，同时用现代的方式来提高效率。"

在李明与爷爷的沟通中，巧妙地依托传统并汲取前人经验而达成了他沟通目的。李明首先表达了对家族传统的尊重，这是与爷爷建立沟通的基础。其次，他通过提到祖先也曾采用当时的新技术，来为自己的论点提供历史依据，从而论证我们也应该借鉴家族历史上的成功经验，即在尊重传统的同时接受新事物，与时俱进，这样才能像历史上的家族祖先一样在手工艺品事业上取得成功。最后，李明提出了一个折中方案，既保留了传统工艺，又利用了现代技术来提高效率，使传统与现代相结合。总的说来，李明和爷爷的沟通有着共同的愿景，他们都希望家族的生意能够持续发展，这是此次沟通的共同目标。

通过依托传统并汲取前人经验的这种方式，李明成功地与爷爷达成了共识，既保留了家族的传统，又推动了生意的发展，有效地解决传统工艺和现代技术之间的冲突，促进双方的理解和合作。

诉诸传统、诉诸经验是沟通的两大利器。在立论时找到合适的历史知识，或者现成的经验，不仅可以节约人们寻找论据的时间，而且这些知识在论证时具有很强的说服力，毕竟它们都是经过时间淬炼的结果，其结果也是一目了然；但是如果这些观点在历史上有反例，就需要我们谨慎对待，尽量选择经过验证的论据。

比如，很多人认为新东方创始人俞敏洪能记住三四万个英文单词、能把《英汉双解词典》背下来，是源于他比较聪明，记忆力好。但他本人从不觉得自己聪明，相反，他还认为自己脑子的运转速度相对来说比较慢，能记住大量的英文单词是因为其与时间赛跑，充分运用了四年来的每分每秒。他在墙上贴满单词，以确保自己一抬头就能看到、学习。这个例子就可以用来引导孩子坚持学习。

　　母亲："你每天把玩手机的时间用来学习，你就可以成为俞敏洪那样的人。"

　　孩子："俞敏洪复读过，有什么优秀的？"

　　母亲："我也认为他开始并不优秀，甚至平庸，但是他没有甘于平凡，他通过自己的努力，变成了不一样的自己。"

　　孩子："我比他聪明，您不用担心。"

　　母亲："你比他聪明多少，我不知道；我只知道，你比他懒惰。"

　　孩子："聪明就行了。平时玩一下，考试前我抓紧复习不就行了？"

　　母亲："这个社会从来就不缺乏聪明的人，这个社会缺乏坚持的人，能够十年如一日地坚持把一件事情做好。你的任务是学习，你能够坚持学习，就很不错了。"

孩子："不玩手机就能够好好学习吗？"

母亲："你要先树立一个目标，朝着那个目标坚持努力就行了。就像俞敏洪，他树立了要学好英语的目标，然后记住了三四万个英文单词，并能把《英汉双解词典》背下来。后来他擅长的英语，成为他创业的坚实基础。"

法国画家安格尔说："所有坚韧不拔的努力迟早会取得报酬的。"当你不够聪明时，你要做的就是懂得用你的时间换取知识和经验。我们所看到的成功人士，往往不是聪明到极点的人，而是付出了比常人更多的努力的人。俞敏洪作为一名成功人士，他的亲身经历和拼搏过程为人熟知。若家长用他的经历引导孩子学习，能够将诉诸经验的效果发挥得很好。

八、以个案吸引关注，用事实说话

【逻辑知识点】

诉诸个案，与逻辑学中事物的特殊性相关。

在人际沟通中，人们有时候为了让自己的观点有说服力，在论证时不选择从一般情况入手，而选择以特殊情况为着力点。这种另辟蹊径的做法，是在以个案吸引关注，并利用一些特别的案例进行佐证。

比如，小明硕士毕业，在家待业快一年了，父母每天看着他窝在屋子里，非常着急，一是他在这个年龄应该出去找工作，二是这个年龄他也应该找对象、成家了。小明其实并不想啃老，他也想找份工作开始独立，但是这几年的就业形势越来越严峻，很多公司都在裁员并且缩减岗位数量，加之每年大批毕业生涌进就业市场，所以想短时间内就找到理想的工作，并不是那么容易。小明的内心十分煎熬，一天他和父亲起了冲突。

父亲："你看你整天待在家里，怎么不出去找工作？"

小明："爸，现在和以前不一样，很多招聘信息在网上就可以查到。"

父亲："你倒是查啊，怎么不见你查到工作呢？"

小明："我每天在房间里就是在查啊！我还不是要兼顾专业、薪酬和单位业务，暂时还没有找到合适的。"

父亲："你还挑剔得很，先找个班上着吧。"

小明："知道了，爸。"

父亲："都那么大了，你看邻居家小李现在在哪里，还是个小领导，真给他爸妈长脸。你再看看你，唉！"

小明："又是别人家的孩子？爸，我是我，小李是小李。你不要把我和他比较，我有自己的节奏，我要坚持适合自己的节奏，不要被别人的标准所打扰。"

父亲："你的节奏就是家里蹲。"

小明："我承认我毕业了在家里待着，但是我并不是早不起、晚不睡，我也没有打游戏看剧，我都在收集比较招聘信息。当我把前期工作做好了，调整好自己，会去找工作的。为什么要拿别人和我比较呢？我们根本就不一样。"

父亲想想小明平时作息规律，也没有不良嗜好，比起绝大多数孩子，已经表现不错了，也就不再继续往下说了。

在小明与父亲的沟通中，父亲通过提及邻居家小李的成功案例来激励小明，希望他能够效仿并找到工作，其中暗藏他作为父亲对孩子未来的关心和期望。但父亲在沟通中没有充分考虑到小明的个人情况和市场现实，单纯地依据他人的成功来要求小明，将小明与小李进行比较，试图通过比较来激发小明的行动，忽视了个体差异，给小明带来了额外的心理压力，引发了小明的抵触情绪。于是，小明感到自己的节奏和价值被父亲所忽视，他坚持自己的独立性和个人人生规划，不愿意被他人的标准所左右，向父亲强调了自己对于个人职业规划的自主权，表达了想要按照自己的节奏寻找工作的意愿，耐心地解释了自己为何目前还未找到工作，包括就业市场的严峻形势和自己对工作的期望等。最后，父亲认识到小明的努力和自律，小明也能够理解父亲对自己未来职业的担心，沟通从一开始的冲突转变为最终的理解，这一案例显示出有效沟通和相互尊重的重要性。

通过这次沟通，小明成功地向父亲传达了自己的立场和努力，而父亲也从一开始的诉诸个案和比较，转变为理解和尊重小明的个人选择和努力。或许大多数人的成长过程中都难免伴随着一位"别人家的孩子"，这无疑是大多数父母采用的通过诉诸个案以激励孩子努力的惯用手段。但小明与父亲的此次沟通告诉我们，在人际沟通中，尤其是在家庭成员之间，尊重个体差异和自主性也同样重要。

个案可以作为正向的例子，但是我们也要注意"幸存者偏差"，有时候它也会成为反向的例子。个案是单独的例子，它具有很强的独立性，因为独特，所以具有特殊性，也就只能适合某些事例，但并不能被推而广之。

比如，小兵不爱学习，加上他很早就和社会上的人混在一起，从高中毕业就不想读书了。父母长期在外面打工，没有时间管他。但是他的班主任却是个非常负责任的老师，看着他小小年纪就不读书了，心里很着急。

班主任："小兵，你今年刚 18 岁，你不读书，在社会上能做什么？"

小兵："我已经成年了，可以去打工了。"

班主任："现在社会发展那么快，就算是打工也是需要知识的，你父母一年到头在外面打工，既辛苦又挣不了多少钱，关键还不能照顾你。难道你希望以后你的小孩也像你一样吗？"

小兵："每年毕业那么多大学生还不是要去找工作，我现在就找工作了，还省了好几年时间哩！"

班主任："大学生已经完成了学业，肯定要找工作啊！你还没有完成学业，你去找工作，和大学生怎么比啊？"

小兵："老师，现在大学生还不是有很多都找不到工作，他们也比我强不了多少。"

班主任："是啊！你也知道连大学生找工作都困难，何况你呢？连大学都没有读过，找工作不是更难了吗？"

小兵："你看看爱迪生，他的一生拥有超过一千项专利，但是只上过三个月的小学，所以学历有什么作用呢？"

班主任："世界上有多少人？在那么多人中出现了几个爱迪生？你知道与爱迪生同一时期致力于搞发明的有多少人，这些人都成功了吗？你忘记了爱迪生是其中的佼佼者，但是你不要忘记，有多少人永远沉寂在了历史长河中。"

这些年随着高校的不断扩招，大学生毕业人数持续增加。于是有些人觉得进行高层次的深造没有什么意义，就像例子中的小兵对班主任说的那番话。他所提出的一个例子就是爱迪生，爱迪生的一生拥有超过一千项专利，但是他只上过三个月的小学，小兵想以此说明学历并没有什么作用。可是事实是这样吗？在职场竞争中，到底有多少低学历的人一直没有上升到较高的层次，他们奋斗若干年，却一直没有多少改变。我们无法回避一个事实，学习是武器，是我们终生都不能放下的工具。

这样的个案就放大了特殊性，将一般和特殊的关系混淆了。我们知道特殊的事物是低概率的事物，它是不适合日常的。因此，在沟通中要谨记案例的选择。有时候，我们需要个案的特殊性引出关注，但是有时候，又要避免个案的特殊性。

九、知己知彼，对"症"下药

【逻辑知识点】

所谓知己知彼，对"症"下药，是指在人际沟通中，对沟通双方逻辑形式的分析，即诉诸征兆和迹象。在沟通中，我们需要分析沟通论证中说者与听者的情况，包括双方的实际情况、沟通时的精神状态、性格、角色定位、对方想听什么等。对这些要素的把握会加强对对方论证中逻辑形式的把握。

　　在人际沟通中，无论是说话者还是听话者，专注于对话的同时，要具备敏锐的观察力，观察对方在交谈中的状态，在没有开始交谈时和进行交谈后的所有细节，身体姿态、面部表情、声音大小、说话频率等等，这是一个动态的过程，直到沟通完成为止，这就是诉诸征兆和迹象。大部分人通常会认为："这样太累了，不就是说话吗，为什么要这样高度专注？"因为有效的沟通，是为了达成某种目的，要实现有效沟通，我们就必须时刻关注对方的一切变化，根据变化来分析对方论证的逻辑形式，也就是推测对方的真实想法。所谓知己知彼，才能对"症"下药。

　　比如，知名的职业顾问李顾问正在帮助求职者小张准备面试。小张对即将到来的面试感到非常紧张，因为他缺乏相关行业的工作经验。

　　李顾问首先通过对话，了解到了小张的背景、技能、兴趣和职业目标，以及他对面试的担忧。在对话中，他注意到小张在谈论自己的项目经验时显得很有自信，但在提到行业知识时却显得不太自信。李顾问决定利用小张的项目经验优势，强调他在项目中展现的领导力和解决问题的能力。于是，李顾问建议小张分享他在大学期间参加的相关课程和项目，以及他在这些经历中获得的技能和成果，还教授小张如何将这些经验与应聘职位的要求联系起来，以及如何在面试中有效地传达这些信息。在模拟面试中，李顾问还通过观察小张的表现，提供反馈并调整训练方法，以帮助小张克服紧张情绪，增强自信心。

　　通过李顾问的个性化指导，小张在面试中表现出色，成功获得了工作机会。李顾问通过观察小张表现出的种种迹象，了解小张的具体情况，提供了针对性的建议和训练，帮助小张在面试中展现了自己的优势，克服了不足。通过观察、倾听和深入对话来了解对方，基于对方实际的技能和经验，提供相应的建议或解决方案，这就是能够针对性解决具体问题的有效沟通。

除了像小张这样的应聘者，企业中的人力资源专员也需要掌握人际沟通中的"知己知彼，对症下药"策略。在现代企业管理中，人力资源专员每天会面对许多求职者，如果对每个求职者都花时间和精力去面试，不单会增加人力部门的工作，还会增加公司的成本。所以人力专员面试会运用诉诸征兆和迹象的技巧，从应聘者坐下后的一系列表现，判断面试成功的概率。

"麦肯锡 30 秒电梯理论"，又称电梯法则、电梯游说、电梯演讲等，它就是一种通过征兆和迹象判断沟通成功概率的方式。

这个理论得名于以下故事：麦肯锡公司曾经为一家重要的大客户做咨询。咨询结束后，麦肯锡公司的项目负责人在电梯间里刚好遇到了这家客户公司的董事长。该董事长此时准备从 30 层下到 1 层，于是礼貌询问麦肯锡的这位项目负责人："关于刚才那个项目，你能不能说一下现在的结果呢？"该项目负责人没有想到在工作时间外还会有来自工作对象的问题，松散的思维无法马上集中，又看到对方是董事长，担心随口说出来的话会产生不好的后果，影响到后续的工作，所以在电梯下行的 30 秒内，该项目负责人也没有把结果表达清楚。等电梯到达 1 楼之后，该董事长失望地离开了，麦肯锡公司也因这位项目负责人的失误而与这一重要客户失之交臂。

换句话说，项目负责人从一开始就表现出业务能力不足的迹象，才让那位重要客户得出了麦肯锡公司不适合作为合作伙伴的结论。此后，为了让管理者记住这次错误，麦肯锡要求公司内的每一位业务人员都必须具备在30秒内向客户介绍清楚方案的能力。

这里的30秒不是固定的时间数值，只是一个强调非常短的时间的标准。关键在于说话者能在有限的时间内，用富有吸引力的方式，简明扼要地阐述自己的观点，并且将传达的信息集中在听话者想要的、真正重要的内容上。那么怎样在短时间内快速简洁地向对方说明情况呢？这就需要说话者在前期的沟通交流中诉诸征兆和迹象，做好功课，知己知彼，清楚了解沟通对象的语言习惯和思维习惯，然后再运用麦肯锡的优秀经营顾问们经常使用的、被称为"3个要点"的技巧。这3个要点分别是：对现状的掌握情况，对现状的解释以及理由，结论以及解决方法。若我们在平时思考时养成将自己的思路按这3个要点划分，就可以在有沟通需要时，在短时间内清晰、简洁地将事件传达给对方。

十、平衡施压与激励：沟通中的策略性互动

● 【逻辑知识点】

中国传统逻辑思维中的"飞箝论式"；诉诸威胁；诉诸私利。

"飞箝论式"，即诉诸威胁，诉诸私利的论证方式，出自我国战国时期经典著作《鬼谷子》。

飞箝是古代谋士在建言献策时采用的一种说服辞令。它的一般流程如下：首先通过言辞褒扬对方，使其展现自己的才能和意图，然后根据这些表现来决定是否与其建立某种关系或者达成某种协议。一是论证者会借助钱财货物、奇珍异宝、精美丝帛、声色犬马等物质的诱惑，结合适当的说辞，引诱听者接受其论证主张。二是论证者通过对听者加以考察，明确听者的底细，然后树立态势吸引听者，以达成论证意图。三是论证者利用听者的弱点、缺点，迫使听者接受自己的主张。这在逻辑学中就是利用诉诸私利、诉诸威胁方式，来找到沟通对象的突破口，沟通者从而制定与之沟通的方案。

诉诸威胁较多体现在家长与孩子的沟通上。父亲告诉儿子："出去玩可以，但必须是和同学一起，而且不能超过晚上 7 点，否则不能得到本月零花钱。"这样的对话有告诫的语气，意在表示如果孩子不守时回家，就会被惩罚，没有零花钱。妈妈对小孩说："你长大了，不要再调皮了，因为圣诞老人只给听话的孩子礼物。"这样的对话有奖励的语气，意在让孩子懂事听话。家长在与孩子沟通时，威逼利诱的教育方式会带来短期的效果，但是这样的效果很快就会消失，而且长期使用诉诸威胁的方法，会使孩子造成心理上的恶性循环，直到最后，威胁失去了效果。这样的教育方式无疑是弊大于利，是不可持续的。

本文不提倡"飞箝论式"中提到的赠送昂贵的金银珠宝这种诉诸私利的做法，但是，从中也不难联想到，适当赠送小礼物有表达善意、维系情感的作用，这会对有效沟通产生积极的影响。比如我们第一次去别人家，空着手去就有失礼貌，而了解到对方家里有老人小孩时，我们可以根据老人、小孩的特点，买一些适合他们的礼物；在和朋友或同事相处时，我们也可以送点小礼物，比如在上街购物时觉得适合对方的，外出吃饭时顺便给对方带回的，出差外地时给对方带的等随手之举，都能表达一种维系情感的良好意愿。这些礼物没有特定的目的，价格也不贵，既能够表现我们对对方的尊重和关心，对方收下也不会有太大的心理负担，能够促进人际关系和谐。通过这些充满心意的小礼物，我们不仅能够加深与亲朋好友、同事邻里之间的情感联系，还能够在彼此的心中播下尊重与理解的种子。在维护和培养人际关系的过程中，这些简单而真挚的交流方式，往往比物质价值本身更能触动人心。让我们在赠送与接受之间，共同营造一个温馨、和谐、互相尊重的社交环境。

当然，凡事都有两面性，诉诸私利的方式是需要谨慎使用的。比如，父亲对孩子说："若你考试成绩在班级前三名，放假爸爸陪你去旅游。""孩子，乖，你好好睡觉，下次我带你去游乐场。"努力考试和好好睡觉本来就是孩子在成长中应该做到的事情，但是如果家长使用诉诸私利这种方法来教育孩子，就把孩子的分内之事变成了家长与孩子的交易，如此行为，不仅会让孩子在成长过程中失去自我管理观念，而且还会影响孩子的价值观，让孩子认为任何事物都被标上了价码，任何行为都是交易。

在人际沟通中，为了达成自己的社交目的，我们可以使用"飞箭论式"中先夸赞对方的方式，和沟通者建立良好的关系。有效沟通的前提是对方愿意和你沟通，如果没有良好关系进行铺垫，对方不愿打开心门，那么沟通就无法进行，任你有再多的沟通技巧，也没有用处。俗话说："礼多人不怪""伸手不打笑脸人"，在沟通中对别人使用敬称，对自己使用谦称，适当地夸赞和关心，甚至带点小礼物，都是实现有效沟通的开始。比如，向陌生人问路、请教别人甚至是与自己亲人的日常沟通，都需要以建立良好的关系为前提。这一点在服务行业显得尤为重要，服务人员以客户的"私利"为导向，才能为其提供更好的服务。

比如，李明是一家小型家电维修店的老板。在竞争激烈的市场环境中，他意识到仅仅提供基本的维修服务是不够的。为了吸引和保留客户，他决定采取一种更加个性化和客户导向的服务策略。

李明首先对每位客户进行详细地咨询，了解他们的家电使用习惯、维修历史以及对服务质量的期望。他记录下这些信息，并建立了一个客户数据库。

由此，李明发现许多客户对家电的维护知识了解有限，因此他开始通过短信或电子邮件为客户提供定期的家电维护提示和建议，帮助客户延长家电的使用寿命。对于那些经常需要维修的客户，李明提供了定制化的服务计划，包括优先预约、快速响应和优惠价格。他还为这些客户提供了一套简单的故障诊断指南，以便他们在遇到问题时能够快速采取行动。

除此之外，李明还注意到，许多客户在家电出现故障时因为搬运家电不便而放弃维修，因此他推出了上门维修服务，减少了客户需要搬运家电的麻烦，并确保维修团队在上门服务时，能够迅速准确地诊断问题并提供解决方案。为了进一步提升客户满意度，李明还设立了一个反馈系统，鼓励客户提出服务后的意见，并根据客户的建议不断改进服务流程。

　　通过这些细致入微的服务措施，李明的家电维修店在当地树立了良好的口碑。客户们对他的服务感到满意，并且愿意向亲朋好友推荐。随着客户基数的增长，李明的生意逐渐扩大，他不仅增加了维修服务的种类，还开始销售家电产品，把维修店发展成了一个小型的家电服务中心。

　　这个案例说明，通过深入了解客户需求并提供个性化服务，商家可以在竞争激烈的市场中脱颖而出。李明的成功，在于他不仅关注技术层面的维修，而且重视与客户的沟通和关系建立，使得他的服务不再仅仅是一次性的交易，而是长期的信任和合作。

　　李明能够从客户的角度出发，在沟通中善于观察、善于总结，按照客户的特点制定家电维修的个性化方案，其实就是发挥了"飞箝论式"中积极的因素，充分考量客户的需求，尽可能提供周到的服务，结果是客户满意，他自己也收获了财富。在沟通交流中，人们不仅要了解沟通对象，更要关注沟通对象的需求，才能与沟通对象于事理之外，建立良好的人情关系。

十一、寻找共通点，增进即刻亲近感

【逻辑知识点】

　　在沟通交流中，我们除了需要寻找沟通者的特殊性，有时候还需要寻找沟通者的一般性，这种一般性会让说话者和听话者一见如故。

所谓一般性，就是人们共同具有的属性，在说话者身上具有，在听话者身上也具有。和相似性不同，一般性指具有一般的共同属性。在人际交往中，沟通交流需要沟通者主动寻找沟通对象的一般性，这样会在短时间拉近沟通双方的心理距离。哈佛大学心理学家肯尼士说："成功之士有个普通特质，即能在 5 秒钟之内，通过简单平实的几句话，就让对方感到面前的人与自己很相似，是自己的'同类'。这正是他们走到哪里都有好人缘、都能成功的秘诀。"

比如，一家新开的咖啡馆位于一个繁忙的街区，店主小李希望吸引更多的上班族在午休时间光顾。他注意到这些上班族在工作日的中午通常都想寻找一个安静的地方休息。于是，小李决定在咖啡馆内设置一个特别的"午休角落"，为客人提供舒适的座椅、柔和的照明，以及免费的书籍和杂志。在咖啡馆的门口，小李放置了一个引人注目的招牌，上面写着："忙碌了一上午？不如来我们的'午休角落'放松一下吧！"

当上班族张先生路过咖啡馆时，小李主动上前打招呼："先生，您看起来今天很忙，要不要进来坐坐，享受一下我们的特调咖啡和宁静的午休时光？"

张先生被小李的热情和咖啡馆的氛围所吸引，决定进去尝试一下。小李在交谈中了解到了张先生的工作性质和兴趣爱好，然后推荐了几款适合张先生口味的咖啡，并介绍了咖啡馆的优惠活动。最后，张先生在咖啡馆的"午休角落"度过了一段愉快的时光，并在离开时表示会常来。

小李通过找到上班族在工作日的午休时间的一般需求，即寻找一个放松和休息的地方，成功地吸引张先生成为咖啡馆的常客。他的策略是提供符合目标客户群体需求的环境和服务，并通过个性化沟通和人文关怀，让客人感到宾至如归。这种策略不仅提高了咖啡馆的知名度，也为小李带来了稳定的客源。小李通过"找一般性"的沟通策略，成功实现了获客的目的。

在短暂的接触中，如果你发现对方和你是同一个地方长大的，同一所学校毕业的，曾经从事相同的职业，曾经住在相同的地方，等等，那么，你在沟通交流中使对方接受你的观点、态度就相对容易，因为有了这些一般属性作为基础，在沟通交流中，听话者对说话者说的话就更信赖、也更容易接受。如果双方关系发展良好，一方就更容易接受另一方的某些观点、立场，甚至对方提出的某些请求。

比如，知名的环保活动家李博士被邀请到一所大学进行演讲，主题是关于气候变化和可持续发展。李博士知道，尽管学生们普遍关心环境问题，但他们可能对具体的科学数据和政策建议感到枯燥。

于是，李博士在演讲开始时，首先提到了自己与学生们的共同点：他们都生活在同一个星球上，都面临着气候变化带来的挑战，这个问题关系到全人类的未来。

接着，李博士分享了自己年轻时在大学的经历，以及他如何从一个对环境问题一无所知的学生，成长为一个致力于环保事业的活动家。他提到了自己在大学期间参与的环保项目，以及这些经历是如何激发了他的热情，还提到了他在世界各地旅行时看到的气候变化带来的影响，以及他与不同文化背景的人们共同为环保努力的故事。这些故事让学生们感到，尽管他们来自不同的地方，但都在为同一个目标而努力。

在演讲的后半部分，李博士提出了一系列具体的行动建议，鼓励学生们在日常生活中采取一些力所能及的环保措施，并参与到更广泛的环保活动中。他强调，每个人的小行动汇聚起来，就能形成大变化。

李博士的演讲不仅提供了有价值的信息，更重要的是，他通过与学生们分享类似的经历和情感，在自己和学生间建立了一种强烈的共鸣。学生们不仅对气候变化有了更深刻的理解，而且被激发起了采取行动的热情。演讲结束后，许多学生表示愿意加入学校的环保社团，或者在个人生活中做出改变。

这个案例展示了演讲者如何通过找到与听众的共同点来增强说服力。李博士没有仅仅依赖于数据和事实，而是从一般属性入手，通过讲述与听众相类似的个人经历，让听众感到他们是问题的一部分，也是解决方案的一部分。演讲虽然是"一个人和一群人"的活动，但它也是一种沟通交流，这种交流形式难度更大。因为要让一个人接受你比较容易，但是要让一群人接受你，就非常困难了。李博士利用逻辑学的一般性属性，从自己与所有人相似的成长经历、共同面对的环境变化、现实状况的一般情况入手，拉近了和人群的距离，赢得人群的认同。这种策略使得他的演讲更加生动、感人，并且更容易被听众接受。通过这种方式，李博士成功地将一个看似很枯燥的科学话题，转化为一场充满激情的演讲。

如果不能在社会进步中脱颖而出成为杰出人物，人们通常更愿意接受与自己具有一般属性的普通人。所以，一个有经验的谈话者，总是使自己的声调、音量、节奏与对方相称，就连坐的姿势也尽力给对方在心理上有相容之感。比如，并排坐着比相对而坐在心理上更具有共同感。直挺着腰坐着，要比斜着身子坐着显得对别人更为尊重。

例如，在老师与学生的沟通中，寻找和强调一般性是建立有效沟通桥梁的关键。一是可以增强共鸣。老师如果找到能够引发学生共鸣的一般性话题或问题，就可以增强学生对课堂内容的兴趣和参与度，使学习变得更加生动、有意义。二是能够建立信任。当老师能够展示对学生一般性经历和感受的理解时，可以赢得学生的信任，这对于形成积极的师生关系至关重要。三是可以鼓励学生广泛参与课堂。通过讨论一般性问题，老师可以鼓励所有学生参与课堂讨论，而不是局限于在特定领域表现突出的学生，从而使不同背景的学生感到被包容和尊重，营造一个更加和谐的学习环境。总之，在师生沟通中寻找一般性，有助于建立一个更加包容、互动的学习环境。

比如，老师如果对即将高考的学生说："亲爱的同学们，我也是从你们这样的学生时代走过来的，我深知一名在校学生的追求和梦想。我的想法跟你们现在的想法一样，我最深切的希望就是你们能好好学习，取得优异的成绩。这不但是你、我的希望，也是家长的愿望，更是政府、社会以及老一辈人对你们的共同期望！"老师一开始就从自己的经历切入，言明自己也经历过学生时代，而且理解在校学生的想法。老师总结出，学生和当年的自己一样，都是平凡而普通的求学者，都具有作为人的一般属性，以此吸引学生的注意力，缩短了彼此间的心理距离。接下来，老师又换位思考，以"我的想法跟你们现在的想法一样"的话语来鼓励、鞭策学生好好学习，以优异的成绩回报家人，回报社会，报效祖国，让学生产生基于一般属性的共鸣，达到了吸引学生的目的。

学生对老师的这番真情流露也产生了认同感，这对于即将高考的学生来说无疑是有力的激励。所以卓越的教育，不是通过老师的讲授，生硬地将知识灌输给学生，而不管学生接受不接受。良好的教育者应该放下身段，走到学生中间，把自己当成学生中的一员，让学生看到，原来老师并不是高高在上的；老师与自己一样，具有同为人的一般属性，从而敞开心扉，与老师产生心灵上的共鸣。

十二、运用正反交替法：沟通中的起伏技巧

【逻辑知识点】

从逻辑论证角度看，沟通者在沟通前，必须进行听众因素分析，包括其在沟通过程中的心理状态，选择一种有利的策略，如先扬后抑或先抑后扬，这样可以提高听众对论题的可接受性，增强话语说服力。

抑扬顿挫形容声音的高低起伏和停顿转折。抑指声音降低，扬指声音升高。在音乐演奏中，如果演奏者能够有效控制乐器声音的高低起伏，那么演奏出来的音乐会变得悦耳动听。同样的道理，在人际交往中，与人沟通交流时，知道什么时候该说什么话是非常重要的，把握了说话的节奏，就掌握了事物发展的先后关系，从而稳定了交谈的局面，让谈话内容顺利地与论证的过程接轨。

有一种形式是先扬后抑，就是沟通者在进入正式的话题之前，先从对方的得意之事入手。如果在沟通交流中，我们一开始就送来善意的赞美，不仅表达了沟通交流的诚意，更传达出对对方的好感，那么将于无形中提升有效沟通的成功概率。

比如，下面这个跆拳道教练面对课程涨价的事情和孩子家长沟通的过程，就使用了先扬后抑的说话技巧。

跆拳道教练看到前来接孩子的家长说："恭喜您啊！您的孩子最近进步很大，好几个品式一教就会，而且动作非常准确，很有天分！下次应该就可以升级了。"家长一听，眉头一扬，非常高兴地回答："哎哟，是吗？您这样评价，说明他表现还不错啊！"这时候跆拳道教练接着说："是的，就是因为这孩子聪明、勤奋，进步太快了，接下来他马上就要升级了，这学费可能稍稍要调整点儿。"家长此刻正在高兴的劲头上，想道：反正孩子也要继续学习跆拳道，而且孩子表现得还不错，涨价就涨价吧；即便有的家长心里并不愿意，但既然教练夸奖孩子在先，调整学费在后，他们的内心感觉也要好一些。这就是先扬后抑的沟通节奏。

试想一下，如果在家长来接孩子时，跆拳道教练对家长说："家长好！现在通知您，从下次开始，学费要涨价了。"估计大部分家长可能感到很不高兴。这时候跆拳道教练如果接着解释："这是因为您家小孩表现得很好，所以我要教比较高级的内容了。"家长从内心上可能还没有很接受，会想："嘿，得了吧。你这么说不就是要我加钱吗？"同样的交谈内容，只是顺序进行了调整，沟通交流的效果却大打折扣。

当代著名思想家哈贝马斯教授指出了实现有效交往的四个原则：容易被接受的语言、真实的陈述、诚恳的态度、正当的表述。正当的表述并非平铺直叙，而是需要根据具体情况具体分析。并不是所有沟通交流都需要先扬后抑，有的沟通交流就需要先抑后扬，适当"自揭其短"。

比如，演讲家张伟被邀请到一所大学进行公开演讲，主题是"职业规划和个人成长"，而张伟本人同时也是某重点高校软件工程专业教授。因此在演讲过程中，他提到了一个观点："在职场上，如果你没有持续学习和进步，就会像那些过时的软件一样，最终被淘汰。"

张伟在演讲中充满激情，用生动的例子和幽默的语言吸引了在场的学生们。然而，在他说到"过时的软件"这个比喻时，他注意到前排有一位学生显得特别不安。这位学生正好是计算机专业的，而且他的笔记本电脑上贴着一张"支持开源软件"的贴纸。

张伟意识到自己的比喻可能触动了这位学生，因为开源软件社区中有许多成员对"过时"这个词非常敏感。一是他们往往投入了大量时间、精力开发和维护项目，见证了项目的成长和变迁，与它有深厚的情感。二是许多系统和应用程序依赖于某些开源组件，即使这些组件不是最新的，但它们在现有的技术栈中运行良好，并且与其他系统集成顺畅，兼容性良好，不能称之为"过时"。三是一些所谓的"过时"技术，也可能因其稳定性和广泛的应用基础而被继续使用。因此，开源社区成员倾向于使用更为中性和建设性的语言来讨论技术的发展和变化，以尊重每个人的工作和贡献。在讨论技术演进时，使用"legacy"（遗留）或"established"（已确定的）等词汇可能比"outdated"（过时）更为恰当。于是，他迅速地调整了自己的演讲策略。

张伟接着说："当然，我们也要尊重那些为开源社区做出贡献的开发者们，他们的工作是宝贵的，即使在技术不断进步的今天，他们的努力和精神仍然是我们学习的榜样。"

为了缓和气氛，张伟还分享了自己在大学时期使用开源软件的经历，并表达了对软件开源工作的支持。他说："我自己也是开源软件的受益者，它教会了我许多编程的基础知识。"在大学时期也与朋友一起开发过一款开源软件，后来无力投入大量资源去维护和更新，其功能慢慢被更现代的软件所取代。"

最后，张伟以一种幽默的方式结束了这个话题："我始终保持着不断学习的心态，努力不被时代淘汰。"他的这番话引起了在场学生的共鸣，包括那位计算机专业的学生，学生的紧张情绪得到了缓解，也对张伟的演讲内容产生了认可。

这就是先抑后扬。张伟在关键时刻，敢于拿自己的以往经历"开涮"，通过"自揭其短"化解潜在的尴尬，令人称赞。他的本意是通过一个比喻来说明在职场中持续学习的重要性，可偏偏这个比喻不太应景，而直接向观众道歉又无疑是画蛇添足，于是张伟使用了先抑后扬的方式，迎难而上，主动把观众的注意力引向自己。这样，通过及时调整自己的言辞，他展现了对听众的尊重和理解。张伟不仅避免了可能的尴尬，还成功地将潜在的负面情况转变为积极的互动。这种灵活的沟通技巧不仅赢得了听众的尊重，也增强了他演讲的效果。这个例子再次证明，在沟通中，能够迅速识别并应对突发情况的重要性，以及在关键时刻展现同理心和幽默感的作用。

在沟通交流中究竟是先扬后抑好，还是先抑后扬好呢？我们如何选择这两种沟通技巧？两种沟通技巧没有高下之分，具体怎么使用还需要具体问题具体分析，在不同的场合，使用恰当的沟通技巧。使用这两种技巧的基本原则是，要善于发现沟通对象的"焦点"，这里的焦点分为"兴趣点"和"失落点"。当你发现了沟通对象的兴趣点，也就是能够让沟通对象感兴趣的话题，就需要使用先扬后抑的沟通技巧，充分营造沟通的氛围；待到沟通对象表现出愿意继续对话的状态后，就可以进入主要的话题了。而失落点就是诸如上面例子中演讲时不小心提到的，听众的敏感点、比较避讳的话题。揭短是沟通交流中的大忌，没有人愿意在与别人沟通交流时，让对方看到自己的缺陷、弱点乃至失败的经历，所以当在沟通交流中不慎触及了对方的心结，或者遇到一位情绪非常低落，有可能拒绝沟通的对象时，不妨使用先抑后扬，主动把自己的缺点展现给他，充分表达与之沟通的诚意，提升对方在沟通交流中的信心；待到对方有了沟通交流的意愿，就可以开展正式的话题。总之，对于焦点的把握，要灵活处理。

世界知名推销员乔·吉拉德的故事，很值得我们借鉴。一天，他在推销汽车时，被一户人家的狗叫声吸引。他观察到一位女士正温柔地与她的小狗们玩耍，眼中充满了爱意。乔·吉拉德礼貌地加入了对话，赞美了小狗们的可爱，立刻赢得了女士的好感。通过交谈，乔·吉拉德了解到这位女士结婚十年却无子，小狗们就成了他们夫妇的宝贝。在这段对话中，乔·吉拉德巧妙地将对话引向小狗，与女士建立了情感联系。

女士对乔·吉拉德的赞美感到非常高兴，仿佛找到了知己。她决定让乔·吉拉德周末来家里与丈夫讨论购车事宜。周末，乔·吉拉德如约而至。在与先生的交谈中，他再次展现了他的沟通技巧。他敏锐地捕捉到先生对妻子的深情，并以此为切入点，讲了许多赞赏他们夫妻关系的话，这些话深深打动了先生。乔·吉拉德的话语不仅赞美了他们的夫妻关系，也巧妙地推销了汽车，最终说服先生购买了他推荐的新车。

乔·吉拉德的故事告诉我们，在销售过程中，了解客户的情感需求和个人兴趣至关重要。通过建立情感联系，找到共同话题，可以有效地拉近与客户的距离，为成功销售打下坚实的基础。他的成功不仅在于沟通技巧，更在于他能够洞察人心，用真诚的赞美和关注赢得客户的信任和好感。

在沟通前，谈话者要对谈话对象的情况有所了解，了解得越透彻，谈话内容的选择就越精准。做好以上准备工作之后，谈话者就要像演奏家一样，掌控音乐的高低起伏了。

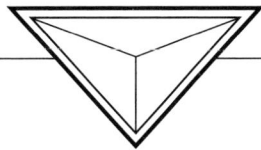

〈第三章〉

沟通要高效：避免拉长战线

在信息时代，互联网的快速发展，使得人与人之间的沟通越来越便捷，这表现在日渐多样的沟通渠道、日益扩展的沟通范围、越来越快的沟通速度等方面上。我们可以跨越时空限制，与人进行实时的、即时的沟通。正因如此，我们才越来越需要高效的沟通。在沟通中全神贯注、善于聆听、巧用预设和隐涵、妙用反诘、情理结合、真诚待人等都能有效地提升沟通效率，缩短沟通战线，增强沟通效果，帮助我们高质量且高效率地完成沟通目标。

一、是全神贯注，还是一心多用

"人的本质是一切社会关系的总和。"人总是生活在群体当中，由此，人与人之间的沟通在生活中处处可见。如果你想进行一次卓有成效的沟通，那么，哪怕此次沟通再简短，你也必须全身心投入。我们在沟通中必须全神贯注的原因有以下几条。

其一，关乎沟通质量。成功有效的沟通不仅包含对双方言语的理解，也有对双方声音、动作、表情等的把握，有可能仅仅几秒的走神，就遗漏了对方看似细微，却对此次沟通至关重要的细节，甚至造成对方的误解，最终导致沟通失败。因此，只要开始沟通，就需要我们全神贯注，认真聆听对方的话语和声音，仔细观察对方的动作或表情，用心理解对方表达时话语的内容以及话外之音、言外之意，以提高沟通的准确性、避免误解和歧义。

其二，关乎沟通效率。当我们全神贯注地聆听对方时，可以更加敏锐地捕捉对方的意图，高效地理解对方表达的主要内容，从而高效完成沟通目标。

其三，关乎对沟通双方彼此的尊重。这是人与人之间沟通的基本道德规范，全神贯注地表达与聆听能够体现沟通双方对此次谈话的重视。如果我们能表现出对沟通主题的关注和兴趣，就可以营造良好的沟通氛围。

你是否曾经也有过如下的经历呢？

你有没有边与同事聊天边刷热搜，过后同事跟你聊起刚才谈论的话题，你却感觉从未谈论过？

你有没有边听父母谈起一件事该怎么做的经验，边玩游戏，过后遭遇挫折，却埋怨父母不曾提醒？

你有没有边听老师通知本周课程计划，边与同学聊天，过后却发现漏听了重要信息？

……

那么，怎样才能确保我们在沟通中全神贯注，而不是一心多用呢？

首先，要避免干扰。找到通常会干扰自己的因素并远离，例如关闭手机或电脑上的应用程序或通知。将彼此置于一个相对安静的环境中，可以确保沟通不被打断。

其次，要集中注意力。在与他人沟通时，我们应尽量将注意力集中在对方身上，专注地倾听和理解对方的讲话内容，不要在头脑里同时思考其他事情，以免分散注意力。平时，我们也可以通过冥想、适当的有氧运动、制定近期小目标等专注力训练方法来锻炼自己的专注力和集中思维的能力。

最后，主动参与沟通。在沟通中，我们应主动吸收并理解对方传递的信息，给予其积极回应和反馈，展示出对其所说内容的关注和理解。例如，适时地提出问题、表达观点，以及运用言语或非言语信号等与对方进行互动，都可以帮助我们更好地在沟通中保持专注。

任何一次成功的沟通，其实都离不开全身心投入，能证明这一点的例子不胜枚举。

请看一个商业领域的沟通情境。在一次至关重要的商业谈判会议上，小赵作为本公司的销售代表出席，他的现场表现会直接影响此次双方合作的结果，因此，他心理压力很大。在会议开始前，小赵将手机调成静音模式，规避任何可能的干扰因素。在会议中，他完全专注于对方的发言，没有分心或打断对方，快速地分析对方的需求、关注点以及与之相应的解决方案。他还利用非语言信号体现对说话者的关注和尊重，例如，面带微笑、眼神示意、在文案上记下重点和疑问点等。另外，在对方发言结束后，他才开始发表自己的观点，根据对方表达的信息有理有据地逐一给出回应，语言清晰明了，高效地完成了双方的沟通目标，达成合作。会议结束后，对方公司高度赞扬了小赵在会议中的表现，他的全神贯注让对方感到被重视和信任，维护了公司与客户之间良好的合作关系。

再如，请看一个心理治疗领域的沟通情境。我们知道，在对抑郁症患者的心理治疗中，全神贯注地倾听是心理治疗师首先要做的事情。心理治疗师海伦在对抑郁症患者进行治疗时，就全身心投入地倾听他的抱怨和痛苦，并给出一些非评判性的回应。

在言语信息表达方面，海伦通过主动沉默，给予患者充分的表达空间，不被时间限制或其他干预因素中断，让患者感到被尊重和理解。同时，海伦在谈话中使用简短的话语对患者所说的内容进行确认，以确保对信息的准确理解。同时她也使用了一些体现理解的语言表达，给予患者情绪上的支持和安慰。最重要的是，海伦在治疗中，注意探索患者内心的情感和思维模式，对患者所说的细节进行反馈，并提出引导性问题，以帮助患者更深入地了解自己的情绪和观念。

在非言语信息表达方面，海伦灵活运用了非言语信号。例如，她选择坐在患者对面，保持身体姿态放松，整体上呈现一种肢体接纳姿态。又如，她在治疗过程中始终面露鼓励性的微笑，眼神注视着患者，通过适度的眼神接触传达出对患者的关注和理解。再如，她在倾听患者的倾诉时不时地点头，给予患者情绪上的支持和安慰。

在倾听之后，海伦还将患者的感受、经历与抑郁症的症状联系起来，仔细解释了抑郁症的常见特征和潜在因素，帮助患者更好地理解自己的心理状态，减少自我指责。

可以看出，在这一沟通过程中，正是海伦全神贯注的倾听，从心理上给予了患者安全感、信任感，让他自由地表达了内心的抑郁感受和困惑。这有助于患者逐渐打开心扉，主动参与治疗过程，从中获得满足感，与心理治疗师建立信任和合作的关系，从而改善心理状态，达成沟通目的。

除了上述两种特殊的沟通情境，日常生活中，任何小的沟通都离不开全神贯注，一心多用只会分散注意力，降低沟通质量和效率。

二、善于聆听，还是自说自话

"听"是沟通中一个至关重要的组成部分。在完整的沟通过程中，说话者与听话者的身份是不停置换的，双方都需要认真仔细地倾听彼此，才能对受众因素做出合理分析，选择合适的沟通方式及逻辑论证规则，从而做出恰当的回应。因此，"听"是说话者与听话者双方共同的事。在这一过程中，不仅需要说话者在沟通前、沟通中进行受众因素分析，以便及时调整沟通策略；同时也需要听话者善于聆听，对说话者给予实时反馈，做出恰当回应，为在下一步中担任说话者做好充足的准备。有人说，人类拥有两耳、两目、一口，就是让人多闻、多见，而少言。显然，在你来我往的沟通情境中，有时候听话者的善于聆听比说话者的主动输出更为重要。自说自话是不可取的，善于聆听才能帮助我们成为合格的说话者或听话者。

回想之前与亲朋或同事的沟通，你是否有过以下这些情况呢？

在和朋友或同事聊天的时候，你是不是那个在场说话最多，总是想主导谈话主题的人？细想一下，当时你有没有认真听过别人的话？

在朋友分享自己的经历时，你有没有一种冲动，总想要插话，试图说出自己曾经有过的相似经历，把对话的焦点转移到自己这里？

当你极力试图说服对方，或强调某个观点、某件事，抑或急需发泄心中的负面情绪时，你会不会不停地跟朋友反复诉说？

……

我记得，曾经有一位虽然平时联系不多，但在学校时关系还不错的朋友给我打电话。本来，能有机会能跟朋友交流一下毕业后彼此的现状是一件很令人开心的事情，但是，我们简单问好之后，他就开始跟我诉说最近生活中发生的各种事情，包括最近他又谈了几场恋爱、和同事之间发生了什么摩擦、涨了多少工资、去了哪座城市出差……刚开始听朋友敞开心扉地聊最近发生的这些或好或坏的事时，我虽然插不进去嘴，但是也在猜想是不是他工作后身边没有能够听他倾诉的朋友，所以还是对此表示理解。直至一个多小时后，他才问起我的现状。于是，我也想针对他聊起的内容说说自己的情况，给他一些回应。然而就在这时，他却在电话那头表示，他现在有急事需要出门，稍后回来跟我继续聊，就挂了电话。后来两年，我们再没有打过电话。直到后来，我遇到工作长远发展的问题，有两个工作机会难以抉择。想起他正好从事其中的一个领域，我于是打电话给他，寻求建议。可当我说明致电来意之后，却被迫听他花了一个多小时吹嘘毕业之后如何披荆斩棘、身经百战，终于在这个行业里取得了如今自己非常满意的成就。有了之前的例子，这次我对这样的结果也并不意外。显然，我从我们的"谈话"中并没有得到有效建议，还为此成了一个被迫的倾听者。由于这两次不太愉快的沟通经历，我们的关系也渐行渐远，后来再没有联系。

那么，怎么样才能在沟通中成为一个善于聆听而不是自说自话的人呢？

有这样一则寓言故事，说的是很久以前，有一个不得不依附大国才能生存发展的小国，小国需要向大国岁岁进贡粮食、马匹甚至珍贵的文玩宝物。小国国王当然想不再进贡，真正为自己的国家做主。最终，小国国王采纳一位下臣的建议，派遣使臣将一套特殊的宝物进献给大国国王。宝物是三个金光闪闪、笑态可掬的小金人，整体雕刻得栩栩如生，令大国国王眼前一亮。但小国使臣表示，得到三个小金人是有条件的，如果大国之人看出三者之中哪个最有价值，小国就把三个小金人送给大国国王，并延续旧制，岁贡不断；但如果没有能人贤者猜出，大国就应当免除小国岁贡，并且也得不到三个小金人。小国使臣抛出这一难题之后，大国国王认为自己泱泱大国，人才济济，遂不以为意，命令大臣和全国的金匠前来辨识。

一个月过去了，结果没有人能分辨出哪个更有价值，大国国王甚为恼怒。这件事在大国国内迅速传开，正议论纷纷时，一位已致仕的智慧老臣要求面见大国国王，并表示自己能解开谜题。他用一根稻草秆分别穿入三个小金人的耳朵，只见第一个左耳进右耳出，第二个左耳进口里出，第三个从左耳进受到阻碍，穿不出来。于是老臣得出结论，第三个小金人最有价值，原因在于第一个小金人表示与人沟通时不善聆听，也不给人反馈，把对方的话当耳旁风的人，最没有价值；第二个小金人表示在沟通中，刚进耳的话，转眼就会说出去，丝毫不考虑后果，做事没有标准和原则的人；第三个小金人则表示在沟通中能将对方的话听进去，并且记在心里，不到处乱讲，做事讲规矩、有底线的人。最终，老大臣此举维护了大国权威，小国使臣也不得不甘拜下风，承诺继续岁贡。

反躬自问，我们在沟通中确实有时会因一心多用、心不在焉而犯第一个小金人所代表的错误；因不够严谨自律而犯第二个小金人所代表的错误。只有与他人谈话时不自说自话，善于聆听，根据说话者提供的内容做出恰当回应，并深入思考，将提取的信息筛选过滤，将重要的信息铭记于心，次要的信息暂时搁置，才能领悟第三个小金人所代表的重要启发价值。

具体来说，善于聆听者在说话者谈话时，需要认真倾听其言语，并结合自身经验，接收和理解说话者话里话外的关键信息，整合其言语中提供的信息，基于自己的经验和知识结构，尽可能不偏不倚、公平公正地评估对方表达的内容，以便及时做出恰当的回应。但此时先不要急于提供建议式或解决问题式的回应。因为一方面，说话者表达的内容仅为一家之言，较为主观，不能代表这件事的全貌；另一方面，事物本身的发生发展是复杂多变的，可能并没有表面看上去那么简单。因此，我们要适当给出一些合理的分析，启发说话者选择适合自己心意的解决办法。

另外，我们在沟通中也需要控制表现欲，做到不随意插话，不高谈阔论，给予说话者肯定回应或者不时地追问下文，以表示听话者对此话题很感兴趣，一直在认真听，并且认同对方观点，从而增强说话者就此话题谈论的兴趣。当然，回应中的声音声调、面部表情、肢体动作也要注意，我们将在后面的内容中进行探讨。

三、否定预设，避开问答陷阱

在我们日常工作生活的沟通谈话中，预设问题随处可见，说话者可以熟练运用此策略以达成诱导回答的目的。例如，传统形式逻辑教科书中谈到"预设"问题时时常运用的一个案例是："你停止打老婆了吗？"无论对这一复杂问语进行肯定回答还是否定回答，都包含着丈夫承认了曾经有打老婆的行为的意思，显然是说话者在运用预设策略。当然，听话者也可以反向运用这一策略，在明确说话者预设问题目的的基础上，准确识别对话话语中的预设问答陷阱，先对预设问题进行否定，再回答接下来的问题。例如前问，如果回答中的丈夫从来没有打过老婆，他就完全可以对问题本身进行否定，进而避免落入圈套。

沟通中，我们如果能将预设策略运用得当，就可以达到意想不到的效果，体现在授课、销售、面试、谈判，甚至亲子关系等方方面面。具体请看下面这个案例。

居民楼下不远处，有两家卖煎饼果子的早餐移动摊位。摊位的主人是两位阿姨，她们都是本地人，技术都很熟练，做出来的煎饼果子味道也差不太多，顾客群体也都是附近居民楼早起的街坊邻居。但是，其中一位的收入却是另一位的两三倍。收入低的那位阿姨很费解：明明两人的条件相差不大，但为什么另一位阿姨的收入比自己高出这么多呢？观察良久后她才发现，另一位阿姨的餐车每天的鸡蛋、香肠等消耗量都比自己这边多，她卖出鸡蛋、香肠的诀窍在于与顾客沟通的方式。收入低的阿姨见到有顾客前来时会问："请问您要不要加个鸡蛋或者其他？"而收入高的阿姨则问得很有技巧："请问您是加一个鸡蛋还是加两个鸡蛋或者其他？"仅仅是一句话问法的不同，就造就了两家销售额两三倍的差距，可见预设策略在销售中的巨大作用。

在销售实践中，你可以在预设顾客将会购买产品或服务的前提下，让其在两种方案之间做选择。通常情况下，顾客会选择其中一种，只有在极度不满意的情况下，他们才会说二者之中一个合适的都没有，但这种情况往往特别少见。或者，在顾客有购买意向但未下决定之前，你也可以问他："如果决定要买，您是使用微信还是支付宝？"往往这时，顾客就会下意识地选择一个，进而快速支付，完成交易。

假如你是一名房地产销售人员，客户对你表达了原本看好的户型装修之后可能不太好看的忧虑，这时你也可以使用预设策略，抓住潜在客户。例如："购买了这套房子之后，您打算自己装修还是请专业团队呢？"无论客户选择哪一种，你都可以给出相应的解决办法，而这已经是客户决定购买之后的事情了。

如果是需要提前抓住机会预约客户面谈的大项目，那么在安排时间时，为了确保客户答应面谈，你也可以选择使用预设策略，例如："您觉得我们是这周的周二见面，还是周三见面更好些？您觉得哪个时间比较合适，是下午两点还是三点？您公司楼下的咖啡店可以吗？"在面谈进入尾声时，你也可以问客户"需要我帮您填好相关表格还是您自己来？"等预设问题，提高交易成功率，达成沟通目的。

如果你熟知销售情境中被广泛运用的预设策略，那么当你以客户的身份出现时，当然也会敏感地觉察销售人员问话背后的含义，若你没有购买意向，就能头脑清醒地坚持己见，避开问答陷阱。

在面试情境中，除了考察专业知识相关问题，招聘者有时会故意先提一些听上去不太友好的预设性问题，以考察应聘者的心理承受能力和随机应变能力。

例如："为什么今天面试不穿西装？"

显然，招聘者可能预设了应聘者对此次面试的态度，也可能预设了应聘者对公司规章制度的反应等。

我们设想一下，应聘者的回答可能有以下三种。①我平时不穿，所以今天也不想穿。这一回答可能会给招聘者留下你对此次面试很随意，你固执任性、性格叛逆的印象。②我本想为此次面试买西装，但是遇到一套与工作相关的书，于是花掉了原本计划用来买西装的钱。这一回答可能会给招聘者留下你擅于投机取巧的印象。③我平时从未穿过西装，但如果是出于工作需要，我会考虑置办一套。这一回答比较求实严谨，显示了你可塑性强，会根据公司要求办事，以大局为重。由此一问，表面上招聘者是在问询应聘者的穿着，实际上却是在根据应聘者的回答充分考察他们的应变能力、心性品格、可塑性以及与本公司要求的契合度。

再如："您拥有这么高的学历，为什么愿意屈就这份工作呢？"

显然，当应聘者以高出应聘要求的学历来参加面试时，招聘者的这个问题可能预设着对应聘者只拿这里当跳板的担心。对于优秀人才，公司当然会放在重要岗位精心培养，但如果其工作不久就直接跳槽，对公司来说，也是一笔不小的损失。所以，这里招聘者想要看到的是应聘者对这份工作的诚意。

我们设想一下应聘者的回答，可能有以下两种情况。①目前市场上缺乏更优的工作机会，而贵公司在行业中享有盛誉，能够提供丰富的学习资源，我渴望把握这次难得的成长机遇。这种回答似乎将公司视作一个临时的训练场所，而非长期发展的平台。②"屈就"这个词说得过重了，我对这份工作充满热情。至于我的三份学历证明，您可以根据需要选择一个，其他的就不必过多考虑了。这一回答显示出应聘者的自信和幽默，表明应聘者是出于真正喜爱这份工作才来应聘的诚意。不拘于学历，也体现了应聘者计划在本公司长远发展的决心。

针对这一问题，招聘者表面上问的是既然应聘者学历高于这份工作所要求的学历，为什么选择应聘，实际上考察了应聘者来此参加应聘的目的、对本公司的了解、对这份工作的态度以及对工作的长远发展规划。

如果熟知了面试情境中被广泛运用的预设策略，那么当你作为应聘者时，当然也会精准捕捉到招聘者每一个问题背后想要考察的内容。在你就业意向明确时，参加面试就能更好地"搔到痒处"，把话说到招聘者心坎里，增加面试沟通成功的概率。

在日常生活情境中，小孩子也可能不自觉地使用预设问题的策略。例如"妈妈，是今天晚上带我去肯德基还是明天晚上？"，再如"妈妈，我们今天是来吃巧克力冰激凌还是草莓味冰激凌？"，抑或"妈妈，给我买奥特曼还是蜘蛛侠？"，这样的例子不胜枚举。

我们这里看到了销售、面试以及日常生活沟通情境中的预设问题案例。管中窥豹，可见一斑，熟练掌握沟通过程中的预设策略对于说话者和听话者来说都很重要，尤其是听话者，需要具有捕捉预设性问题的敏感度，避免落入问答陷阱。

四、妙用反诘法

"反诘"是用疑问句的形式表达确定的意思，即问而不答，听者也不必答，该法通常情况下，问题中蕴含着答案，有加强语气、增强气势的效果。

其与"反问"相比，更添追问、责问之意。恰当使用反诘法能够增加说话者的自信，帮助其把握话语主动权。同时其以问题的形式出现，更易激起听话者的兴致，引发听众深入思考，进而增强论证的有效性和说服力。

那么，在具体沟通语境中，应该怎样逻辑清晰地使用反诘法呢？

其一，从对方的命题中寻找反例并引用，一旦发现一个反例，那么对方观点的普适性、准确性就会遭到质疑。谈到这一点，就不得不提到古希腊哲学家苏格拉主张的"自由交谈"，苏格拉底在与他人的沟通中将反诘法作为追求真理、正义和善等概念的手段，即先装作对一个问题的无知来引导对方回答自己提出的问题，然后展开连环追问，延展出与对方观点相对立的命题，以揭露其原先观点中的漏洞与矛盾之处，在多次一问一答中帮助对方对真理、正义、虔敬、勇敢、善等多个终极问题进行深入思考。例如，苏格拉底在与人讨论"什么是正义"这一问题时，就运用到了反诘法。

当与凯帕洛对话时，凯帕洛认为"正义是在一切情况下都诚实守信"，苏格拉底当即反诘："在这样一种特殊情境中，即我从朋友那里借出一件武器，但后来朋友精神失常，经常失控地伤害自己，这时我还应该诚实守信地将武器还给朋友，或告知他武器的放置点吗？如果为了防止他伤害自己或他人而选择失信，那么是否还符合正义？"这引发了凯帕洛对正义的思考，他发觉自己原先的定义过窄，须予以修改。

当与尤苏戴莫斯讨论正义和非正义时，尤苏戴莫斯认为，"虚伪、欺骗、做坏事、奴役别人都应该被放在非正义的那一边"，苏格拉底当即反诘：
"在这样一种特殊情境中，如果一个被推选为将领的人奴役一个非正义的敌
国人，作战期间欺骗敌人，抢劫偷窃敌人的财物，那么他属于正义一方还
是不正义一方呢？"尤苏戴莫斯表示在这种情况下，行为方应该属于正义
一方。最后，对话双方达成共识，即这一类的事用于对敌是正义的，用于
朋友是非正义的，正义和非正义是有条件的、相对的，不是一成不变的；
只有确定了一个具体情境，人们才能对某种行为下正义或是非正义的判断。

其二，顺着对方的思路往下说，将对方观点类比于其他相似情境，看
命题是否依旧成立，即归谬。

例如，甲乙两人在讨论吃不同的蔬菜水果与人的肤色之间的关系。甲
坚持认为："就像吃白萝卜可以使人的皮肤变得白皙一样，食用任何其他蔬
菜水果也都对人的肤色有影响"。

乙反问："按照你的逻辑，吃紫葡萄会使人皮肤变紫，吃绿葡萄会使人
皮肤变绿，吃红葡萄会使人皮肤变红吗？"

乙的反问有效地揭示了甲的错误观点，让甲不得不重新思考和修正自
己的观点。这种反诘和类比的沟通技巧可以帮助我们揭露他人观点中的问
题，并引导他们重新思考，深化讨论。

其三，促使对方换位思考，看其是否坚持己见。

例如，小明和小李是同一支销售团队的成员。近期销售额下降，小明认为这是因为小李不够努力、工作不负责任的缘故。于是小明对小李说："你总是不积极主动，导致我们的销售业绩不好。你为什么不能做得更好呢？"

小李听到这话后感到挫败和不满，他觉得自己付出了很多努力。为了让小明换位思考，小李试着利用反诘的方式回应："难道你认为我的工作负担比你轻吗？你有没有想过我们每天面临的挑战和压力？我也很努力，但是销售额下降并不完全是我的责任。"

小明从小李的反诘中感受到了他的不满，也意识到自己过于单一、武断地把责任全部推给了小李，开始反思自己的想法和行为。过了一会儿，他说："或许未来我们面临的挑战会更多，我们可以一起来探讨并找到解决方案。你认为我们可以做些什么来提高销售业绩呢？"于是，二人通力合作，开始了新一轮的沟通。

小李通过反诘，引导对方换位思考，让小明理解到问题并非完全是小李一个人的责任。这样的沟通有助于双方更好地理解彼此立场，更全面地看待和分析问题，从而促使他们共同寻找解决问题的方法，增进团队协同能力。

其四，将对方主张的观点逐步分解开来，分别质疑其合理性、准确性、可接受性，仔细分析每一步是否存在漏洞或自相矛盾之处。

例如，19 世纪，英国数学家乔治·布尔开创了布尔代数，在逻辑学和数学领域产生了深远的影响。据说有一天，乔治·布尔和他的朋友进行了如下对话。

朋友问道："根据布尔代数的原理，'或'运算符表示两个命题中只要有一个为真，整个命题就为真。那么，如果我说'我在这个屋子里，或者我在电影院里'，是否意味着我既在这个屋子里又在电影院里？"

乔治·布尔机智地回答道："根据你的理解，'或'运算符应该是一个加法运算符，正如你认为 1+1=2。但在布尔代数中，'或'运算符实际上是一个逻辑运算符，它只关注命题的真假，而不是数量。因此，当你说'我在这个屋子里，或者我在电影院里'时，只要其中一个命题为真，整个命题就为真，无须同时满足。"

通过这个简单而巧妙的回答，通过对朋友观点的错误进行仔细分析，乔治·布尔成功地揭示了朋友对布尔代数中逻辑运算符的误解，运用逻辑的思维方式清晰地解释了命题的真值和运算符之间的关系，证明了自己观点的正确性。

需要注意的是，在辩论、司法、课堂，乃至日常生活中的其他沟通情境中使用反诘法，是为了一击必中，引人深思，使对方认识到自己观点中的漏洞和自相矛盾，促使对话深入推进，最终达成双方的沟通目的，并不是为了炫耀言语技巧或者争辩出谁胜谁负。这个过程中要尊重对方，以友好、平等的心态在与他人的沟通交流中成长。

五、巧用弦外之音

格赖斯认为，在人与人之间的沟通谈话中，说话者言语所表达的意义可以分为两个层面：第一个层面是话语本身的言说内容；第二个层面是话语的隐涵内容。其中，第二个层面又有约定隐涵和非约定隐涵之别，前者包括那些经过历史长久积淀发展，已经约定俗成、达成共识的话语之隐涵，后者则是除却话语约定隐涵之外的那部分，例如，格赖斯主要研究的人们合作交际谈话中的话语隐涵。

有一个甲、乙、丙、丁受邀参加生日派对，却因听到主人家的话外之音、言外之意而产生误解、纷纷离场的故事，就是一个"听话听音"的经典案例。讲的是主人家看到客人丁还没到场，用"该来的不来""不该走的又走了""你看，我又不是讲他"三句话，将甲、乙、丙三人都气走了，主人家本人还不明究竟、一脸茫然。我们都知道，故事中的主人家其实没有恶意，是真诚地邀请四个人到家中相聚，但作为主人家，他这样的话也确实给在座的客人造成了误解。听到这些明显带有话外之音的话，客人都不免多想主人家的言外之意，宁愿识趣离场以成全彼此颜面，这就对人与人之间的沟通产生了不利影响。

其实，上述的情况虽然是极个别的，但是人们往往在沟通中会有意识地主动运用话语隐涵来达到自己的沟通目的。

一方面，从说话者的角度看，中国人常常以"弦外之音"作为迂回方式，先让对方表明不会生气，然后说出可能会冒犯对方的话。比如试探性地问："我有一句话不知当讲不当讲？"在这句话中，说话者隐涵的信息是想告诉听话者：接下来我要说的内容可能是你不喜欢听的，会引起你的不快，会让你觉得被冒犯，希望你做好充分的心理准备。对于这句话，听话者大多不会止步于其言语本身的字面意思，反而多半会猜测其背后隐涵着的想表达的内容、用意或者目的。这里的弦外之音对于听话者来讲就比字面意义更为重要。在《红楼梦》中，有一幕是袭人想对王夫人表达"宝玉应该被教训一顿"的意思，但是这显然不是下人该对主母讲的话，会冒犯到王夫人。因此，袭人讲的是："别的缘故实在不知道了。我今儿在太太跟前大胆说句不知好歹的话。论理……"说了半截忙又咽住。这样具有明显隐涵意义的话，加上说话者欲言又止的行为动作，王夫人当然意会，以"你只管说"回答袭人，表明自己已经做好了心理准备，且如果听到冒犯的话，也不会责罚于她。然后，袭人得以委婉地表明其意。在这场袭人与王夫人的沟通中，作为说话者的袭人熟练运用"弦外之音"，使得言语妥帖，给自己留有退路，这种迂回婉转的方式也更易被听话者接受。

比如，知名外国作家史密斯先生受邀参加一个国际文学论坛。在论坛期间，主办方安排了一次晚宴，以展示当地的美食文化。晚宴上，主办方准备了一道当地特色的海鲜料理。这道菜以其独特的风味和精致的摆盘受到了在场嘉宾的赞赏。史密斯先生在品尝了这道菜后，显得非常高兴，他对主办方说："这道菜真是令人难忘，它让我想起了我家乡的一道传统菜肴。"主办方注意到史密斯先生对这道菜的喜爱，便询问他是否愿意尝试更多的当地美食。史密斯先生回答说："当然，我非常愿意。但我怕我今晚的胃口太小，装不下更多的美味了。"

主办方当然理解了史密斯先生的弦外之音，知道他实际上是在表达对这道菜的喜爱，并希望尝试更多。于是，主办方在晚宴结束后，为史密斯先生准备了一份包含多种当地特色美食的礼盒。通过这场充满幽默和机智的沟通，史密斯先生成功地表达了自己对当地美食的喜爱，而主办方也通过赠送美食礼盒的方式，回应了史密斯先生的喜好。双方都在愉快的氛围中达成了沟通的目的，增进了彼此的友谊和理解。由此，我们就更能理解在人际沟通中运用幽默和弦外之音的有效性所在，以及在跨文化交际中对说话者言外之意的敏感度和理解力的重要性。

另一方面，从听话者的角度看，当听话者遇到涉及自己隐私而不想回答的敏感问题时，也可以运用"弦外之音"回避此问题，让提问者自己识趣离开。

比如，张先生在外工作很忙碌，多年未回乡过年。今年，他难得抽出时间带着家人回乡过年，参加了村子里的流水席。有人上前搭讪，问他现在收入有多少，存款几位数。张先生一副好脾气的样子，笑笑回道："你猜猜看呢？"这个人看到同桌的人都看向他，又得不到张先生的继续回应，只能尴尬地离开。提问者的反应说明，此时他也意识到，自己在大庭广众之下问到了别人的隐私性问题，人家自然不想回答。"你猜猜看？"隐涵着听话者对此问题的回避态度，暗示双方的对话可以到此为止了。提问者自明其意，于是对话结束。

再一方面，从沟通双方的角度看，有些弦外之音体现在言语的细节上，例如敬语的使用。在沟通中使用敬语，可以拉开谈话双方的心理距离。

有些情况下可能是不经意地、无意识地，但无疑听话者不会仅仅止步于言辞的字面意义。一位朋友曾经抱怨自己难以融入法国老公的家庭，因为公公婆婆跟儿子讲话时只用"tu"或"toi"，到了自己这里，却一直都用"vous"[①]。二者虽然都是法语中第二人称单数的代词，但在法国人的语境中，前者与亲近、亲密的人交谈时经常使用，后者则是面向其他人交谈时广泛使用的敬称。在这种家庭沟通环境中区别使用昵称与敬称，作为听话者的这位朋友不免多想公婆的言外之意：他们究竟是无意识地惯称，还是有意识地使用敬语？如果是后者，那么是否公婆从未把自己当作家人来看待？难怪这位朋友有此顾虑。

有些情况下，敬语则隐涵着委婉地拒绝，这时沟通双方自然对最终结果都心领神会。一位常年在房地产销售领域摸爬滚打的老手与年轻人分享经验时，谈到判断一个单子成功与否，从客户看完房子之后打来的电话中就有大概把握。因为大部分人实地考察完房子的户型、朝向、楼层等信息之后，会回去与家人商议，深思熟虑之后再给房屋中介打电话。如果这通电话刚开始，语气就是亲密的，那弦外之音就是客户有想买这套房子的意向，多半能成功售出；如果在这通电话中，客户连连使用敬语，彬彬有礼，逐渐拉开双方的心理距离，那弦外之音就是客户放弃了购买这套房子，这次交易多半不成。

---

① toi 是 tu 的重读人称代词；vous 可以是重读人称代词，也可以是主语人称代词。toi 表示你；vous 表示您，更加礼貌。在和陌生人以及长辈、上司等交谈中，沟通方须用 vous。——编者注

因此，作为说话者，当你想表达拒绝之意时，可以接连使用敬语，拉开对话双方距离，给听话者"被拒绝"的信号，做好听到"不"的心理准备。作为听话者，你一旦注意到说话者频繁用到敬语，就应该即时意识到其言外之意是不欲多说、不愿亲近，这时，你应心照不宣地结束对话。

六、晓之以理，动之以情

沟通中，说话者"晓之以理，动之以情"，旨在通过较为客观的理性解释和较为主观的感性表达来引发听话者的理解和共鸣。这一方法如果在沟通中运用得当，往往能够增强话语的有效性、说服力以及可接受性，帮助我们更有效地完成沟通目标。

在非形式逻辑的"论证谬误"中，有诉诸情感谬误或诉诸怜悯谬误一说，其特点是通常以听话者的同情心、怜悯心作为支撑论点的论据，不讲道理只讲感情，引发听话者的情感共鸣，提高自己观点的可接受性，以摆脱困境。对于论证来说，这是一种诡辩或谬误，不具备有效性。但是，在日常生活的沟通情境中，适当地"动之以情"确实有助于达到沟通的目的，我们不妨用它来辅助"晓之以理"，双管齐下，提升沟通的质量与效率。

那么，在日常沟通中，我们怎么样才能做到"晓之以理，动之以情"呢？

其一，要基于客观的事实和合理的逻辑，这是"理"的重要根基。只有以客观事实作为论据，加以合理的逻辑，才能使沟通中的论证具有说服力和有效性，也容易被听众接受，并支持说话者的观点、主张和做法。

比如，一家名为"未来科技"的初创科技公司正在开发一款革命性的清洁能源产品，该产品有望显著减少温室气体排放。然而，公司面临资金短缺的问题，需要吸引投资者的支持。

公司创始人张伟在一次投资者会议上进行了演讲。他首先向投资者展示了清洁能源产品的研发进度和潜在的市场前景，用数据和市场分析来支持他的观点。接着，他讲述了一个故事：一个小镇因为工业污染而面临严重的环境问题，居民健康受到威胁。他描述了小镇居民是如何团结起来，支持当地的清洁能源项目，最终改善了生活环境的。

张伟将这个故事与当前全球面临的环境问题相联系，强调了采取行动的紧迫性。他指出，如果不立即采取行动，未来几代人将面临更加严峻的环境挑战。最后，他以情感诉求结束演讲，提到自己的家乡也受到了污染的影响，他希望通过这款产品，为家乡乃至全球的环境保护做出贡献。

张伟的演讲结合了理性的数据分析和感性的故事叙述，成功地打动了投资者。投资者们不仅对产品的市场潜力感兴趣，也被张伟的个人故事和对环境的承诺所感动。最终，公司获得了必要的投资，得以继续研发和推广这款清洁能源产品。

这个案例展示了如何通过结合逻辑论证和情感诉求来打动听众，从而实现沟通的目的。张伟通过讲述一个与听众能够产生共鸣的故事，以及强调行动的紧迫性，成功地说服了投资者支持他的公司。

其二，可以引用权威的研究成果或观点。这一点并不是说在论证中完全诉诸权威，而是如果在某个行业领域内，有大量权威报告、重量级专家学者或相关的研究成果与你的观点主张一致，那么借助这些权威成果作为论据来佐证观点就顺理成章地增强了说服力和可接受度。前文已有专门论述，此不赘述。

其三，了解对方的立场是首要前提。立场不同，则观点不同，你清楚对方的立场、观点和意图，才能有针对性地根据对方的需求或兴趣进行沟通。同时，你也要尊重对方的观点，努力营造真诚平等、友好合作的氛围。日常生活中，两口子吵架也要"晓之以理，动之以情"，比如妻子经常批判丈夫"从来不……"，如从来都不打扫房间、从来不洗衣服、从来不把倒了的垃圾桶扶起来等。站在妻子的立场，这更多是一种自己包揽了所有家务活以致很劳累之后的不满情绪的宣泄。站在丈夫的立场，如果他不能换位思考，则会觉得自己上班在外奔波，下班回家还要做家务，并不合理，而且"从来不……"的论断也过于武断了，否认了自己以前对家里的付出。这时就需要丈夫了解对方的立场，从妻子的立场出发，明白她只是想宣泄情绪，心里其实了解丈夫的工作压力。那么丈夫自然以安抚为主，理解妻子对这个家的辛苦付出，自己之后也努力改进，下班回来与妻子共同承担家务。这样一说，妻子反而会因没有体谅丈夫工作一天的忙碌而内疚。由此，双方自然就换位思考、互相理解了，夫妻之间的沟通效果也更好了。

其四，构建共鸣。"人同此心，心同此理"，在沟通中，人们的情感是可以共享的。说话者使用情感化的词语和语言将个人经历、情感故事表达出来，很容易激起听话者的共鸣，从而对说话者的观点更加感同身受、理解包容，产生共情和同理心。那么，构建共鸣首先要从能引起听话者兴趣或共鸣的话题出发，即使不一定直接引入主题，也可以是主题以外但与其有联系的话题；其次逐渐步入正题，恰如其分地提出自己的意图和建议，展望设想；最后，提出对听话者的期望。有了之前的铺垫做基础，这里听话者便更易于接受说话者的期望，最终达成沟通目的。

一位朋友曾经跟我讲，有一年冬天，她在开车回家的路上，因雪天路滑，一辆车迎面撞到了她的车上。当时她头被撞到，左腿也骨折了，而周围没有认识的人帮忙，只能痛苦地蜷缩在车里忍耐着，等待救援人员的到来。这时，一位路人走到她身边，握着她的手，表示明白她此时此刻的全部感受，安慰她、鼓励她，直至被送到救护车上。虽然那时疼到意识模糊，但由于这位路人的共情、理解与陪伴，她受到鼓舞，才一直都能保持镇静不慌乱。

总而言之，"晓之以理，动之以情"是将客观的"理"与主观的"情"相结合。前者是在沟通中以恰当准确的客观事实作为论据，以严格的逻辑论证规则和程序作为论证方法，前提真实，程序正当，自然可以以理服人；后者是在沟通中以人与人之间的情感共鸣、同理心为基础，利用情感化的表达得到听众的理解与支持，增强沟通的说服力和可接受度，提升沟通效果。"理"与"情"共同促进了双方达成有效的沟通与合作。

七、"二选一"，巧妙影响沟通过程

"今天或明天您哪个时间方便呢？"

"您觉得明天上午 10 点或下午 3 点哪个时间段对您更方便？"

"您同意第一方案还是第二方案？"

"您选择这款红色的还是这款黑色的？"

"你现在是想写语文作业还是想写数学作业？"

……

人与人的沟通中，在向对方提问或当对方面临抉择时，有时我们会有意无意地同时给出两个可选项，要求对方从中选择一个，并以此作为进一步交流和行动的方向。这是一种引导对方思考和做出决策的沟通技巧。通过这种方法，可以达到以下这些目的。

其一，引导对方思考，从而明确需求。不同人的认知和偏好可能存在差异，通过"二选一"的方式可以帮助双方的沟通顺利进行。对于听话者来说，通过参考两个选项，可以帮助其更全面而深入地思考问题，明确自己的需求和偏好，从中选择一个作为回答或行动指导，提高自身的自主思考能力和决策能力。对于说话者来说，"二选一"的方式可以更好地了解对方的倾向与需求，以便于做出恰当而准确的回应。

其二，提高沟通效率。说话者直接提问或开放式提问，有时会使听话者陷入困惑与迷茫之中，犹豫不决，不敢迈出下一步，导致沟通进展缓慢。与之相比，"二选一"的方式能够更好地引导听话者的思维，避免对方在选择上过度思考或犹豫不决，帮助其快速做出选择而投入行动，节省决策的时间，从而提高沟通效率。

其三，增加互动，拉近距离。说话者通过给出两个选项，可以主动引导听话者进行选择，并展开关于选项的讨论，你来我往间双方互动自然增加，就可以使双方的交流更加深入，加深对彼此的了解。

这样一来，就有助于有效地推进沟通进展，提升沟通效率和质量。

那么，在具体的沟通情境中，我们应怎样实施"二选一"式设问，从而达到引导对方思维的效果呢？

首先，提供两个选项，并解释各自的优势与劣势。也就是说，说话者应明确表达自己的观点，并提供两个选择供听话者选择，解释每个选项的优势和劣势。这样一来，就能够帮助对方更好地理解每个选项的利弊，引导对方在这两个选项之间进行思考和决策，同时也给对方一定的选择自主权。

其次，根据对方的反馈及时调整选项。说话者在提供选项并解释各自优劣势之后，还应该主动询问对方的意见和看法，以便了解他们的需求和偏好。如果对方对给出的选项表示不满意或存有疑虑，那么说话者就要根据这些反馈及时做出调整，使其更贴合对方的需求和期望。

最后，引导对方做出决策。在这一过程中，说话者也可以通过提出一些问题或建议，帮助对方深入思考并权衡利弊，从听话者的反馈中总结其需求或偏好，让听话者最终做出符合自身利益的决策。

鉴于这一沟通方式的优越性，销售领域早就提出了"二选一封闭式提问法"，这种提问方式在沟通中能够有效引导客户做出决策，促使其更快地表明自己的意愿，从而使沟通目标高质高效地完成。

销售人员："张先生，请问您购买车辆是为了家庭使用还是商业运营呢？"

客户："主要是商业运营。"

销售人员："这样的话，我们为您推荐这两款汽车，它们有各自的优点。您更倾向于哪一款呢？"

客户："我对这两款汽车都感兴趣，但我需要了解它们的具体特点和价格。"

销售人员："好的，我们的这一款商用车型具有较大的载货空间和低油耗，适合长途货运；另一款商用车型则注重舒适性和安全性，适合城市物流运输。您更偏好哪一款呢？"

客户："我喜欢低油耗型的，比较省钱。"

最终，双方快速高效地达成共识，交易成功，完成了双方的沟通目标。

可以发现，销售人员首先询问客户购车的目的，然后根据客户的回答为其推荐了两款汽车。然后根据客户的商用需求和省钱偏好，为其介绍了这两款商用车各自的优势，引导客户做出符合自身利益的选择，使得交易顺理成章地完成。其中，"二选一"的沟通方式贯穿始终，使得销售人员能够更好地了解客户的需求并提供更加有针对性的推荐，提高客户的满意度和签单率，从而提高沟通的质量和效率。

除了销售沟通情境中，我们日常生活的沟通中也常常在"二选一"。例如，甲不知道周末该去哪个城市旅行。

朋友乙："你想去 A 城市还是 B 城市呢？从它们的景点和文化来看，A 城市有知名的历史古迹和丰富的文化遗产，而 B 城市则以自然风光和户外活动为主。"

朋友甲："我喜欢人文景观，但也得考虑预算，想去一个气温适宜、有大型活动的城市玩一下。"

朋友乙："A 城市在周末正好有一场文化节庆活动，整趟旅行，去 A 城市的交通费用、住宿费用都比去 B 城市低一些，并且从气候情况看，A 城市在这个季节的气温比较宜人，而 B 城市可能稍微炎热一些。"

朋友甲："那我选择 A 城市作为周末旅行目的地。"

朋友乙通过了解甲关于旅游目的地的需求和喜好，即人文景观为主、气温适宜以及会举办大型活动，详细介绍了 A 和 B 两个城市的主要特点，顺利引导甲在综合考虑之后，做出去 A 城市的选择，有效地推进了沟通进展，节省了沟通时间，增强了沟通效果。

需要注意的是，使用"二选一"技巧，引导对方思维时，应确保两个选项都是有意义且合理的，并尽量考虑到对方的利益和喜好。同时，也需要尊重对方的意见和权利，避免在选择上给对方施加压力或限制选择的自由。因为我们使用该沟通方法不是为了牵着对方的思维走，而是通过提供大量丰富的信息和选项来协助对方做出决策。

八、自说自话与主动介入：沟通中的自我中心倾向

"交谈自恋"与"不请自来"都是形容某些人在沟通中的不当行为。

交谈自恋通常指沟通中的说话者过于自恋，以自我为中心，独自占据对话全过程而忽视他人感受的行为。"交谈自恋者"通常会不自觉地将沟通的焦点转移到自己身上，只要与自己以往的经验有些许相似性就开始诉说，持续寻求听话者的认可，经常以"专家"的姿态自居，以教育别人的口吻有意或无意地拔高自己在对话中的地位。无论沟通的主题是否是自己熟知且深耕的领域，都试图从自己的角度出发发表各种看法，一有机会就将主题拉回自己熟悉的领域，重新占据话语主导权。你是否曾经有过下面这样的沟通经历？

有的人喜欢长篇大论。比如，我曾经在公交上遇到一个不太熟悉的老乡，她十分有谈话兴致，从自己年轻时的不容易谈到如今家里孩子的发展，再到公交车经过的店铺，如此种种，一个劲儿地说个不停。车上乘客人数不多，本来气氛很安静，她说话时的大嗓门就显得格外刺耳，引得其他乘客频频回头看她。可能这些乘客也在猜测她的长篇大论什么时候结束，我则耻于坐在她旁边，被迫当了听话者。她作为说话者，既没有做到在公共场合中尊重他人，为了不打扰别人而慢声细语，也没有在沟通中考虑听话者的感受，只是独自享受说话的自由，牢牢把握着话语主导权。因此，与这位老乡分别之后，我就再没有联系过她。

有的人喜欢掩耳盗铃。比如，小张跟朋友说，昨天自己走楼梯时不小心踩空，崴到了脚，需要请假去医院处理一下。朋友马上就自己曾经骑车摔倒导致骨折的经历大谈特谈，也不管小张是否有回应，假装看不到他急于结束对话，以便好好休养的意图，只在乎自己的意见和表达，甚至认为小张应该心存感激，因为他以自己亲身的经验给予了小张有用的建议。

有的人喜欢高调夸大，经常在沟通中夸大自己的能力、吹嘘自己以前的经历和成就，抑或使用夸张的言辞，借此成为沟通中的焦点，得到对方的肯定、赞美和羡慕。比如小王是一名大二的学生，她很喜欢跟别人谈论分享自己最近买的高端品牌包包、首饰、护肤品、化妆品等。最近，她逢人就讲自己独自去了马尔代夫旅行，那里风景优美，真是不虚此行。好多同学都被迫成了她的"听话者"，只要她在场，就没有人能插进去话，她享受着在沟通中占据主导权，得到大家羡慕和赞美的感觉。后来，有同学爆出她在朋友圈中晒的马尔代夫旅行照是PS的，高端品牌包包也是假的，导致小王本人十分难堪。

不请自来，通常指沟通中的说话者在没有受到邀请或被他人主动征求意见的情况下，主动加入他人的对话当中的行为。其具体包括以下几种表现。

有的人插科打诨，在别人的沟通对话中频繁地插嘴说一些与主题无关的话，以玩笑、恶作剧等引人发笑的语言或动作干扰他人对话的正常进行。这种没有边界感，擅自打断他人的对话的行为，让双方的交流难以为继，是一种令人厌恶的"不请自来"。

有的人自以为是，无视他人真正的意愿与需求，在沟通中对别人的选择指手画脚，过度干涉，还美其名曰"给建议"，强迫他人按照自己的意愿行事。不请自来的建议往往被认为是无用的、不恰当的，这种行为本身就会使对话者筑起心理防线，远离它甚至抵制它。例如，闺密间关于情感问题的倾诉与寻求建议时常发生。小李的闺密前脚刚脱单，后脚就跑来声泪俱下、义愤填膺地控诉男朋友的"渣男十宗罪"，小李同仇敌忾，愿为闺密出谋划策。她认为这个男人人品不过关，闺密必须与其分手，不能因为这个渣男而受委屈。小李与闺密促膝长谈，认为闺密最终会想通，自己提的分手建议肯定会被采纳，闺密也会对自己的彻夜陪伴心存感激。但闺密的感情轨迹没有按照小李建议的方向迈进，没过几天，闺密就已经恢复了每天在朋友圈里秀恩爱的日常，毫无分手意向。小李对此很气愤，与闺密断绝了往来。其实，闺密间的情感倾诉大部分情况下并不是为了寻求建议，更多的是一种情感宣泄。这时，倾听方要做一个合格的陪伴者，倾听诉说方的委屈，不要过度干涉，武断地给出劝分或劝和的建议，更不能自以为是地强迫其接受建议。只有当闺密真心地、理性地主动向你寻求建议时，你才可以尽可能客观地帮她分析，而这时，你同样不能强迫其采纳你的建议。

有的人忽视边界，不尊重别人私人领域，对别人的隐私大谈特谈，擅自获取别人的信息，美其名曰这是"作为朋友的关心"。例如，你的同学发现，在最近一次大考试中，你的成绩非常不理想，于是安慰你别太难过，他考得也不好，顺便打探老师会不会对你进行单独辅导；你因为昨天路上严重堵车，导致耽误了领导安排的重要工作而惨遭批评，你的同事发现你正位于领导的办公室，驻足偷听，等你出来，他还马上跑来跟你讲述上回自己因工作出错而被领导批评的经历，描述自己比你"惨多了"，过后他还拿你的这件事跟别人讨论。以上行为表面是说话者对听话者的关心，实际上，说话者是为了从听话者的遭遇中谋取利益或优越感，这也是一种不怀好意的"不请自来"。

那么，我们应该如何在沟通中克服"交谈自恋"和"不请自来"的行为呢？关键在于培养自我意识、倾听能力和尊重他人的态度。

具体说来，一是要增强自我意识。首先，你要认识到自己在交谈中可能过于关注自己，尝试观察自己的行为模式，意识到何时自己开始主导对话或过度分享，控制分享的冲动，在分享个人故事或观点之前，先评估这些内容是否对当前对话有贡献，或者它们是否是对方感兴趣的话题。除此之外，你还应该注意观察对方的肢体语言、面部表情等，这些非语言信号可以告诉你对方是否对当前话题感兴趣，或者是否需要转换话题。你也可以通过提问来引导对话，让对方分享他的想法和经历，同时，对对方的表达做出有意义的回应，表明你在认真听。

二是要有同理心，善于倾听。尝试站在对方的立场上思考问题，有助于你更好地理解对方的需求和感受。在对话中专注于倾听对方的观点，不仅能够让你更好地理解对方，还能帮助你在交流中保持对话主导权的平衡。

三是要尊重他人。尊重他人的时间和空间，不要在不适当的时候强行插入对话，如果不确定对方是否愿意听你说话，你可以先征求他们的意见。如果有人指出你在交谈中过于自恋或不请自来，要虚心接受并反思这些反馈，以便改进自己的沟通方式。

总之，"交谈自恋"与"不请自来"作为沟通中的不当行为，都会影响沟通的最终效果，破坏沟通双方的和谐氛围。我们应该在沟通中增强自我意识，善于倾听，知己知彼，尊重对方的隐私和意见，以真诚平等的态度理解对方。有效的沟通是双向的，它需要双方的共同参与。

九、真挚态度：沟通的重要法宝

人与人之间的沟通首先应秉持真诚与平等原则。"投我以木瓜，报之以琼琚"①，真诚待人，人亦回报以真诚，如此一来，才能实现心与心的沟通。否则，如果沟通伊始，听话者就感受到了你的不真诚，他的心中会立即敲响警钟，单方面树起沟通"壁垒"，谨防自己上当受骗。这时的沟通其实已经进入"伪沟通"阶段，双方达不到原本的沟通目的，最终沟通只能以失败告终。当然，这也是人们在沟通中自然而然形成的自我保护机制，人们如果在沟通中时刻保持谨慎，从沟通伊始就能辨别出一个人是否值得真诚对待，从而避免让真诚被别有用心的人利用，那么将不会使自己陷入困境。沟通中的真诚难能可贵，它是彼此信任的基础，也是"真沟通"的桥梁。

那么，我们怎样在人与人的沟通中始终保持真诚？

其一，坦诚相待，言行一致。与他人沟通时直接表达自己的真实感受、想法和意见，不用虚假的言辞掩盖或伪饰原本真实的想法或者事情的真相。同时，保持言行一致，承诺要与行动相符合，言必信，行必果。这种一致

---

① 出自《诗经·卫风·木瓜》。全文中，琼琚指佩玉，美玉为琼；下"琼瑶""琼玖"同。——编者注

性在沟通中能够增强对方对我们的信任感，确保双方沟通信息的真实有效，并在此基础上提升沟通的质量。

我以前实习时做过一段时间的代理班主任，在与学生们的沟通交流中受益匪浅。这段时间里，刚好数学任课老师向我反映，小楚同学在课堂上表现不佳，成绩一直处于下滑状态。于是，我们决定与小楚直接坦诚地沟通。我和数学老师首先预约了与小楚的谈话时间，在谈话中明确表达对她在学习上的关注和期望，直接指出其在学习态度、作业完成状况和上课注意力集中等方面存在的问题，并详细阐述了这些问题带来的负面影响。同时，我们也在沟通中表达了对小楚的支持和鼓励，相信她有能力改变现状。同时，为了言行一致，我、数学任课老师与小楚共同商议了一系列可行的解决方案，包括设立个人学习目标、提供额外辅导资源、制订学习计划以及每周跟进学习进展等，清楚地说明了小楚积极参与并付出努力完成学习计划的重要性，同时也表示我们会全力以赴地提供支持和指导。之后的一学期，我们始终保持着与小楚的直接坦诚的沟通，严格要求她按照设定的计划和目标去执行，并及时给予反馈和评价。我们也鼓励她主动向我们寻求帮助，随时保持沟通，以便及时调整学习策略和方法。最终，经过三人的共同努力，小楚逐渐意识到了自己的不足，并开始积极改变自己的学习态度和行为习惯，变得主动参与课堂讨论，积极完成作业，向我们承诺争取在期末考试中取得更好的成绩。结果表明，我们与学生之间的直接坦诚沟通和言行一致是正确可行的，促使学生在短时间内认识到问题所在并提出解决方案，最终促使学生集中了课堂注意力，成绩自然也得到了提高，达到了最初的沟通目标。

其二，遵守承诺，维护信任。人与人之间的信任是沟通中宝贵的资源之一，需要双方通过真诚的言行来塑造和巩固。我们只有持续真诚待人，才能真正赢得对方的信任。说话方不应轻易许下承诺，一旦有了承诺，就要言而有信，不轻易打破对方对你的信任。

其三，充分倾听，慷慨赞赏。在沟通中，做一个优秀的说话者固然重要，但也要学会做一个良好的听众。倾听也是实现有效沟通的关键。我们要注重倾听对方的观点、需求和感受，尊重差异，摒除偏见，理解包容在不同文化背景、价值观下浸润出来的不同观点，换位思考，确保对方有充足的空间和机会来表现自己。

近年来，《非正式会谈》这一档文化访谈脱口秀节目广受观众喜爱，这在很大程度上就得益于主席团成员与观众之间的真诚沟通，主席团由十余位来自不同国家，有着不同文化背景的嘉宾组成。不难想到，嘉宾们在对同一话题进行讨论时，难免存在观点碰撞。但他们仍然能够尊重彼此间的差异，即使意见不合，他们也能平和地表达，而不是互相攻击。当嘉宾分享有趣或深刻的观点时，听众也会及时表达赞赏。可见，这一节目不仅为观众提供了了解不同文化和观点的平台，也展示出在沟通中保持真诚的重要性，让嘉宾们能够在没有压力的情况下自由表达，使得每位参与者都能感到被尊重、理解和赞赏，多方共同努力，携手打造了一个轻松、愉悦的沟通氛围。

其四，遇事先从自己身上找原因，勇于承担责任，并积极主动地采取行动解决问题，让听话者感受到你真诚的态度和努力解决问题的意愿，有效达成沟通目的。

比如，曾经有一次，小李和朋友在酒店房间吃西瓜，他们随意地将西瓜子吐得满地都是，地毯上、桌面上、杯子里……一位服务员在巡视时看到这种情况，他并没有责怪客人，反而主动承担责任，认为保持客房干净整洁是服务员的责任，为因自己的疏忽，没有及时给客人准备好吐西瓜子的盘子而感到抱歉，承诺会立即打扫干净，积极主动地帮客人解决了问题。作为听话者的客人当然感受到服务员的真诚和友善，也从自己身上找原因，表示不应该随地吐西瓜子，会自己收拾好。在此次沟通中，作为说话者的服务员，以真诚的态度、积极解决问题的行动和出色的服务精神赢得了客人的信任，在和谐的氛围中达成了沟通目的。

在上面的例子中，我们只是谈到了一些在沟通中保持真诚待人的普遍原则和做法。实际上，只要我们始终秉承着一颗真诚的心，赤诚相待，对方自然回报以真诚，促使双方完成沟通目标，增强沟通效果。

| 第四章 |

沟通要讲技巧，精准表达要到位

无论何时，人与人之间的沟通，质量都要放在首位。我们只有精准地表达自己的观点和意见，用恰当的语言和论证技巧来阐述自己的观点，才能增强沟通的说服力，减少信息传递过程中的歧义和误解，避免沟通各方产生不必要的纠纷和误会。如果在沟通中，我们能够使用一些沟通技巧或论证规则，将帮助我们有效提高表达能力。常用的沟通技巧包括：围绕重点论题、切中要点、提前做好大纲、层层递进、制造悬念、巧用问话、善用美言和幽默、简化用语以及有效利用非言语信息等。恰当地运用这些沟通技巧，可以让我们在沟通中更好地理解对方的需求和期望，以便达成共识，提升沟通质量。

一、围绕论题，有重点

论证三要素包括论点、论据和论证方式，后两者要紧紧围绕论点进行，否则该论证就不具备有效性和说服力。沟通中也有论题，成功的沟通需要对话双方紧紧围绕论题而进行，也就是，说话者的核心观点、需求或立场，要清楚精准地表达给听话者，最终才能高效率地达成此次沟通的目的。如果沟通中的一方思维混乱，说话不着边际、漫无目的、毫无逻辑，那么即使说得再多，别人也只当其废话连篇，大大影响了沟通效果和质量。我们需要在沟通中言简意赅地围绕重点论题、保持中心思想、抓住核心问题展开对话，这样才能成为一个有理智、有想法、立场鲜明、观点明确的合格对话者。

为什么沟通中需要对话双方紧紧围绕论题而进行呢？

首先，提供明晰的逻辑结构。也就是说，始终围绕论题进行对话，可以将沟通置于清晰的结构和逻辑框架下，使得参与者更容易理解并跟随谈话的进程。

其次，保持焦点，避免分散注意力。紧紧围绕论题可以避免谈话偏离主题，将沟通双方的关注点集中在核心问题上，提高对问题的专注度，从而确保沟通的高效性和准确性。如果沟通内容涉及太多细枝末节、无关紧要的话题，可能导致双方注意力分散，甚至混淆或误解关键信息。

最后，确保沟通目标的达成。沟通中的核心论题与目标息息相关，围绕论题进行沟通可以使沟通双方更好地理解目标和意图，将讨论的方向和结论与目标看齐，进而达成共识，提升沟通效率。

相信大多数人对《颜氏家训》中"博士买驴"的故事耳熟能详，它就是一个沟通双方没有围绕论题、谈话没有重点的经典案例。博士与卖驴者作为沟通双方，在知识水平、语言习惯上有着一定的差异，但他们的沟通目的是一致的，这时博士所自豪的满腹经纶反而成了与卖驴者成功沟通的绊脚石，书写买卖契约仅仅为了卖弄才学，书券三纸，未有驴字。他们的沟通就是一次没有围绕重点的、失败的沟通。其实，沟通在日常生活中无处不在，我们并不一定要求沟通双方字字珠玑，但如果一方在沟通中废话连篇、没有重点、毫无逻辑，就容易使人不得要领、不解其意，也易令人生厌。无论沟通者学问是否高深，只要能在沟通中将作为重点的核心观点、需求目的或态度立场清楚地表达出来，既不连篇累牍，也不避实就虚地转移论题、偷换概念，最终顺利达成双方的沟通目的，就会引导一次成功的沟通。

那么，我们怎么才能在沟通中更好地围绕论题、突出重点呢？

首先，一定要立足于此次沟通的目的或需求。你希望通过此次沟通达成什么目的，那就紧紧围绕这个目的展开。如果遇到善于"跑题"的人，不要被对方牵着鼻子走，去拼命解释或说明其衍生出来的话题，否则将会使此次沟通变得漫无边际。必要时，我们可以通过引导性或总结性的话语使对话重新回到重点论题上，从而推进沟通进程。例如，我们可以找一个合适的借口转移话题说："不好意思，这位先生 / 女士，刚刚您要表达主要内容是……？ 接下来您需要我做的是……？ "这个借口可以是诸如喝水、接电话、去洗手间等，礼貌即可。

其次，使用"黄金三点论"。有的说话者为使思路更清晰，往往将论题分为三个点，而听话者一般对多个要点中的前三个印象更深刻，因此我们提倡在沟通或讲话中，将想要表达的内容提炼成三个点来说，这就是所谓的"黄金三点论"。这种语言组织方法可以帮助沟通双方思路更清晰、表达更清楚、重点更突出。

"我讲三点……"

"我讲三个例子……"

"我们分三个步骤走……"

"我从三个方面谈一下自己的心得……"

"我们目前有三个须重点解决的问题，其中有三点须各位多加注意……"

"我用'三心'来说明对待工作应有态度：耐心、细心、恒心。"

这三方面可以是"首先、其次、最后"，"第一、第二、第三"等，也可以是围绕时间、地点、人物、重点词等划分的三方面。它们不仅能简洁明了地提炼出重点论题，展现说话者的逻辑思维过程，而且将重点置于首位，使得讲话始终围绕核心论题展开，条理清晰，重点突出，结构灵活，加强了沟通的逻辑性和说服力。自然而然地，听话者对沟通的重点内容也会印象深刻，从而做出进一步明确的回应。

最后，还应注意沟通中表达重点论题的先后顺序，表达顺序不同，往往会造成不同的结果。"黄金三点论"就是通过将重点置于开头，从而给人以深刻印象，达到强调要点的效果。

小华参加了公司的项目竞标，晚上回到家后，一进门就对父亲讲："今天的竞标会结束了。"

父亲问："我们公司中标了吗？"

小华答："没有。"

听到这个回答，父亲显得有些失望，说："那真是太遗憾了。"

小华接着说："但是，我们公司是所有参与竞标的公司中得分最高的。"

父亲此时已经对结果有了初步的负面印象，摇摇头说："那又怎样，还是没中标。"

小华无奈地说："如果我知道结果会是这样，我一开始就应该先告诉你我们的得分和排名。"

如果小华改变一下表达的顺序，一进门先告诉父亲："今天竞标会结束了，我们公司虽然没有中标，但在所有参与的公司中得分最高。"

父亲可能会问："真的吗？那得分怎么样？"

小华随即回答："我们的得分远高于其他公司。"

如果父亲继续追问："那为什么没中标呢？"

小华可以解释说："因为这次竞标的标准有些特殊，我们虽然得分最高，但因为其他方面的一些原因没能中标。"

通过这样的沟通，小华能够更有效地传达信息，避免给父亲带来不必要的负面情绪，或许父亲还会鼓励小华继续努力，争取下次竞标取得成功。

由此我们看到，两种沟通方式内容相同，只是更换了重点的表达顺序，效果便大相径庭。因此，我们要在抓住沟通重点的基础上，掌握说话的艺术，选择更优的表达重点顺序，以达到更好的沟通效果。

总之，应高速发展的信息化现代社会要求，拉杂琐碎的、没有重点的长篇大论式沟通已经落伍，难以跟上时代发展的节奏，现代社会中的沟通需要围绕论题、抓住关键、强调要点、明确重点。我们在掌握诸多重点的基础上，还需要选择表达重点的最优顺序。另外，沟通的言语需要简洁明了。以上几种沟通技巧将帮助我们高效率、高质量地实现沟通目的。

二、提前做大纲，条理明晰

随着科技时代的飞速发展，人们的生活节奏日益加快，人与人之间的沟通也要随之提高效率。那么，如何在保证沟通质量的前提下，高效完成沟通呢？"提前做好大纲"不失为一种有效的沟通方法。所谓大纲，主要包括沟通的时间、地点、参与者、目的、主题及主要议题、日程安排、决策流程、已有的材料和资源、期望的结果等。在沟通中，提前做好大纲能带来诸多优势。

其一，能提高沟通效率，保证沟通质量。在沟通前做好大纲，能使沟通参与者明确此次沟通的重点和目标，帮助他们在沟通前做好充分准备，打好腹稿，在沟通中集中精力和注意力，详略得当、清晰易懂地发表观点，确保每个重要议题都有足够的时间进行讨论和决策，避免在沟通过程中偏离主题或进行无用的讨论，在有限的时间内搜集到更多有效信息，提高沟通时间利用率，从而促进双方就主题深入思考、充分讨论，最终产生高质量的沟通成果。

其二，能使参与者提前做准备，明确各自的责任与角色。也就是说，沟通者若在沟通之前做好大纲，其便可以按照大纲提前告知参与者需要做哪些准备工作，如阅读相关材料、做相关调研、总结调研数据等。同时，帮助参与者分配好任务，明确各自在此次沟通中的责任和参与度。这样一来，就能够促使每一位参与者胸有成竹地参与到沟通中，统筹协调，避免冲突，促进有效的信息交流。

其三，能确保沟通目标的达成。由于大纲提前明确了沟通的主要议题、背景信息、关键问题、目的等，因此可以实时指导着沟通的内容和进程，使参与者对整个沟通过程有更清晰的认知，能够促进双方共识的形成，推动沟通目标高质高效地完成。

那么，在开始沟通之前，怎样才能提前制定好大纲呢？

首先，要明确目标。这一点极为重要。搞清楚参与者想通过此次沟通达到什么样的目的，才能选择合适的沟通方式和逻辑论证规则，做到对症下药。

其次，搜集信息，确定主要议题，做好大纲架构。搜集与主题相关的材料，包括背景知识、已有的研究成果、重要的报告或数据等，分门别类地将这些资料统筹整理，可以使思路更清晰，减少混乱。在此基础上，你可以制定大纲框架，按照逻辑顺序确定各个部分的次序，也可以使用标题、编号、符号或不同字体色号等方式来帮助强调不同层次的重要性，使大纲整体上清晰明了。

最后，查漏补缺，修改和完善大纲。在大纲框架制定好后，你还需要根据实际情况进行调整和修改，特别是注意在每个部分添加必要的关联词，完善细节，确保逻辑性和条理性，使大纲整体流畅自然。

当然，提前做好的大纲只是指导沟通的工具，不是刻板的、不容变更的章程。在实际沟通情境中，即使做好了大纲，你也不应忽略沟通参与者当下的实际感受，要注重沟通内容的生成性。你需要根据双方对话的进展，对沟通方式进行灵活、适当的调整。

　　星辉科技是一家专注于智能家居设备研发的公司，近期正在开发一款智能门锁，该产品旨在提升用户家居的安全性和便捷性。产品团队经过数月的努力，终于完成了原型设计，并准备向公司管理层汇报开发进度，以便获得下一阶段的研发资金和资源支持。产品团队负责人李工在汇报之前就已经做好了大纲。

　　沟通目标：汇报智能门锁的开发进度和已达成的里程碑；展示原型产品的功能和特点；阐述下一步的研发计划和预期成本；争取管理层的支持和额外资源。

沟通大纲

1. 引言

简要介绍会议目的和预期成果。

强调智能门锁项目对公司战略的重要性。

2. 项目回顾

回顾项目启动的初衷和市场需求。

概述项目团队组成和分工。

3. 当前进展

详细介绍原型开发的关键阶段和完成的工作。

展示原型产品的实物或演示视频。

突出产品的核心功能和技术优势。

4. 市场分析

分析目标市场的现状和潜在竞争对手。

讨论市场推广策略和预期的用户接受度。

5. 下一步计划

阐述产品测试、改进和量产的计划。

预计的时间表和关键里程碑。

明确下一阶段所需要的资源和预算。

6. 预期挑战和风险

识别可能面临的技术、市场和运营挑战。

提出相应的风险缓解措施。

7. 管理层支持需求

明确请求管理层提供的支持和资源。

讨论如何通过管理层的参与和指导来优化项目进程。

8. 结论和呼吁行动

总结汇报的要点。

呼吁管理层对项目给予支持，并提出具体的行动建议。

汇报过程中，在准备充分的大纲基础上，李工在会议中按照大纲顺序进行了汇报。他首先通过引言吸引了管理层的注意力，并突出了项目的重要性。在项目回顾环节，他简要介绍了团队的努力和合作情况，为后续的进展汇报打下了基础。

当前进展部分是汇报的重点，李工通过精彩的 PPT 演示和原型展示，生动地向管理层展示了产品的创新点和实用性。在市场分析环节中，他利用数据和图表，让管理层对产品的市场前景有了清晰的认识。

在下一步计划中，李工详细阐述了产品开发的时间表和预算需求，使管理层对项目的具体实施有了明确的了解。同时，他也没有忽视可能遇到的挑战和风险，提前与管理层讨论了应对策略。

最后，在结论和呼吁行动环节，李工明确提出了对管理层支持的需求，并提出了具体的行动建议。这使得管理层能够快速做出决策，并为项目提供了必要的资源和支持。

通过提前准备沟通大纲，产品团队在汇报中条理清晰、重点突出，有效地与管理层进行了沟通。这不仅提高了会议的效率，也大大增加了项目获得支持的可能性。这个案例充分说明了在沟通之前做好大纲的重要性，以及大纲在商业沟通中的实际应用价值。

需要注意的是，做好大纲，以使双方更加清晰地表达自己的思想和目标、更高效地达成共识固然重要，但是，尊重他人的观点、倾听并回应对方的需求也同样关键，将两者结合起来，你才能建立良好的沟通关系。

三、制造悬念，引起兴趣

古希腊哲人柏拉图在《泰阿泰德》中讲到"哲学始于惊诧"，这句话里的"惊诧"指对世事万物保持好奇，保持对事物的探索欲。当然，惊诧并不只是哲学的起点，还贯穿哲学的始终。惊诧不只存在于哲学发展中，人与人之间的沟通过程也同样需要"惊诧"。如果我们可以在谈话中引发对方的好奇心、惊异感，让对方产生兴趣点，那么无疑可以更好地达成沟通目的。

沟通谈话中，说话者常以制造悬念的方式，引发听话者交谈或倾听的兴趣，从而有效地使听话者将注意力集中于谈话的内容上，使说话者传递的信息得以被听话者准确接收，听话者会做出有效反馈，从而提高沟通效率，增强沟通效果。

要想吸引听话者的注意，引发其兴趣，制造悬念往往是一种行之有效的方法。"悬念"其实是对于听话者来讲的，即听话者对说话者谈到的事物有大略的了解，但又发现说话者所讲的内容与自己了解的不大相同，由此引发对这一问题的关注，产生急于探究的情绪，从而迈出了沟通的第一步，是为听话者的一种心理活动。在日常工作生活中，制造悬念是一种很常见的沟通技巧，它也就是人们常说的"卖个关子"。说话者会吊足听话者的胃口，诱发其好奇心，吸引其注意力，使得其传递的信息内容能够被准确接收并得到有效反馈。此外，制造悬念还可以活跃沟通氛围，激发听话者参与到整个沟通过程中的兴趣。当然，制造悬念也要适时适当，不然则过犹不及。对此，我们可以采用以下一些具体做法。

其一，制造情节转折并分段递进式表达，即在沟通过程中突然改变方向或提供意想不到的信息，并将其分段递进地表达出来，每次先透露一部分重要的内容，引发听话者的好奇心，让其渴望获得更多信息。

例如，在2019年某汽车发布会上，汽车制造商代表以"一台豪华座驾，一台领先科技，一台绿色未来"的开头来介绍推出的新车型。"一台豪华座驾"代表了新车型的高品质和精湛工艺；"一台领先科技"代表着新车型在科技方面的领先优势，包括智能驾驶、人机交互、"车联网"等先进技术的应用；"一台绿色未来"指的是新车型在环保方面的突破和其体现的可持续发展的理念，如采用了清洁能源、低排放和循环利用等技术。

正当观众以为汽车制造商将推出三款新车型时，代表将开头的介绍语重复表达了一遍，给观众制造了悬念，聚焦了所有观众的注意力，引起了他们一探究竟的兴趣，将现场气氛推至高潮，观众情绪高昂。最终，代表宣布汽车制造商将要推出的其实只有一款产品，是一款将上述三个特点集于一身的全新车型。接着，代表为观众演示了新车型的智能驾驶、个性化设置、绿色能源的动力系统、高级的车载娱乐和安全系统等。

新车型本身功能无疑强大，而代表精彩且富有技巧的推介演说，通过在开头向听众抛出悬念，让此次产品推介演说达到了更好的沟通效果。

其二，引起兴趣并控制信息释放节奏。即以一个引人注意的话题开场，吸引听话者的兴趣，然后合理控制信息的发布节奏，不要一次性透露太多内容，保持悬念。

例如，某公司正在筹备一次重要的产品发布会。在会前准备阶段，市场部经理小刘向团队成员介绍了新产品的特点和优势，并表示这次发布会将有一个重大的惊喜。

到了发布会当天，小刘演讲时突然提到了一个陌生的概念——超级无线充电技术。他通过一个例子形象地描述了这项技术的功能，即用户可以通过空气中的能量对手机进行充电，不再需要充电器或充电线。观众们听到这个惊人的解释后都震惊了，有些人开始猜测这是真的还是开玩笑。小刘留下了一个悬念，并告诉大家稍后会公布更多的细节。

随后，小刘放映了一个宣传视频，展示了该公司团队的研发成果以及超级无线充电技术的实际应用场景。观众们纷纷表示对这项技术非常感兴趣，并且对整个发布会的内容都更加期待。

最后，小刘再次上台，揭开了悬念，解释了超级无线充电技术的背后原理和该公司是如何实现的。这项技术虽然还处于研发阶段，但通过小刘制造的悬念和惊喜，观众被成功吸引住了，他们对产品的兴趣和期待也增加了。

通过制造悬念并做出语出惊人的解释，可以让沟通更加生动有趣，并且激发听话者的好奇心，提升其参与度。这种方式常常被用在产品发布会、宣传活动等场合，可以增强沟通中信息传递的效果。

其三，用别有深意的极简言辞总结想要表达的内容，具有模糊性、暗示性、不确定性，让听话者猜测不同的可能性，以增加悬念感。例如，有位大书法家成名后心生骄傲，日渐浮躁，书法水平也止步不前。一日，他爱好书法的爷爷将他叫到跟前，只是简单地写下了三个字："墨未干"。大书法家对此一头雾水。爷爷看出了他的困惑，这才解释道："墨"指胸中有墨，意思是要有丰富的学识，这样下笔才会有想象力和创造力；而"未"则指要有未竟之心，应始终保持谦逊和不满足，这样才会有进步的空间；最后，"干"指勇敢去干，表示艺术创作需要持续不断地付出努力。大书法家听完解释，顿时深感羞愧，明白了书法创作并不仅仅只是技巧的高超，还包含了对内心情感的抒发和对艺术品质的追求，从此大书法家将爷爷的教诲谨记于心。对于书法创作端正态度，保持谦虚，更加努力地追求自己的艺术梦想。

当然，还有其他在沟通中制造悬念的方法。例如，在交流中逐步提出一连串的问题，让听话者思考并尽力回答；一开始就使用一系列带有夸张色彩的行动和言辞；对听话者熟悉的内容做出极为不同的解释；表现出与传递的信息内容反差较大的丰沛情感等，这些都能增加对话的悬念和吸引力。总之，制造悬念就是以听话者意想不到的、意料之外的信息，勾起听话者的"惊诧"感。当然，正如"惊诧"不只是哲学的起点，我们不仅可以通过制造悬念开启与人的沟通，也可以将悬念贯穿沟通的始末，以此来保持对话的活力。

四、巧用问话，拉近距离

"您吃了吗？"

"今儿中午你家吃什么饭呀？"

"您最近气色不错！"

"去哪儿呀？"

"听说了吗？我们附近新开那家餐厅的菜很好吃。"

"小孙子上几年级了？"

……

这样的寒暄类问话，我们在日常生活中会经常听到。双方从简单熟悉的问话谈起，彼此的距离被瞬间拉近，这种问话一方面能够帮助我们在深入沟通前，对对方此时的情绪状态有初步的了解，另一方面能够缓解对方乍然进入沟通状态的紧张甚至排斥情绪，起到放松其戒备、稳定其情绪的作用。

除了寒暄类问话，其他类型的"问话"在沟通中也并不鲜见，甚至经常被我们所使用。"巧用问话"是沟通中必不可少的技巧之一。

首先，主动提问可以快速建立双方的沟通氛围，让彼此都有参与感。在积极提问中给予对方展现自己看法的机会与平台，让对方感受到被关注、尊重和重视，增进彼此的好感与信任，增加对方参与其中的积极性和主动性，是在为接下来的沟通交流打下良好的基础。

其次，通过主动提问，可以提高理解彼此观点的准确度，使提问者更加精准地获知对方的观点、需求和意图，也让沟通中产生的问题能够及时得到澄清，避免误解和偏见造成的沟通障碍，从而提高沟通的效率和质量。

最后，通过提问乃至不断地追问，可以引领对方表达出更具体、更详细、更准确的信息，在此基础上进一步明确双方的沟通目的，使沟通更加深入、更有针对性，使沟通双方都能对症下药，最终达成共识、解决问题、取得更好的沟通效果。

当然，在沟通中，"巧用问话"的优势并不局限于此，它还有激发沟通双方对问题展开深入思考的作用，它像苏格拉底的"助产术"一样，帮助沟通双方逐渐发现并认识事物的本质，进而提出有创意的想法。

那么，怎么样在沟通中巧妙地运用问话呢？

首先，从对方的个人经历入手。家乡、方言、特产、爱好等，是沟通双方都愿意有所了解的话题，它们不仅能增强沟通双方间的亲近感，也能够让双方感到被理解和重视。比如，一家跨国公司的中国区总经理王总在一次国际会议上遇到了一位来自德国的潜在合作伙伴汉斯先生。汉斯先生对中国市场很感兴趣，但对中国文化和商业环境不太了解，因此在初次会面时显得有些紧张和拘谨。

　　王总在会面开始时，注意到汉斯先生的名片上提到了他的家乡。王总随即用德语问候，并询问汉斯先生是否来自巴伐利亚州。汉斯先生惊讶于王总的德语水平和对他家乡的了解，紧张情绪有所缓解。他回答说自己确实来自巴伐利亚州，并表示对王总的德语印象深刻。王总接着分享了自己过去在德国留学的经历，提到了他在巴伐利亚州的一些美好回忆。这进一步拉近了王总与汉斯先生的距离。通过这种个人经历的分享，王总成功地建立了与汉斯先生的联系，使得双方的交流变得更加自然和友好。在轻松的氛围中，王总向汉斯先生介绍了中国市场的机遇和挑战，以及他的公司如何能够帮助汉斯先生在中国市场上取得成功。

　　经过与王总的沟通，汉斯先生对中国市场有了更深入的了解，并对与王总的公司合作产生了兴趣。双方在愉快的氛围中达成了初步的合作意向，这为后续的商务谈判奠定了良好的基础。这种以对方个人背景和经历为切入点的问话方式，帮助双方在沟通中建立了共同点，有效地缓解了一方的紧张情绪，促进了双方的交流与合作。

　　其次，以开放性问题开场，而在沟通过程中以具体问题和追问为主。

因为开放性问题可以引发对方的思考和详细回答，即使其"有话可说"。作为开场，它可以使对方更加积极主动地展开话题，更全面地表达观点和感受，增强参与感，提高参与度。而在沟通过程中，提问者应使用具体的问题和追问及时澄清疑惑，以确保自己对对方的观点、意图和需求有清晰准确的了解，同时也表明对对方所表达信息的认真关注。

这种通过提出开放型问题与具体问题来逐步达成沟通目的的做法，在公司团队的"头脑风暴"会议中很常见。例如，经理想充分了解员工对新项目的看法，以便做出更好的决策。他在会议开始时便使用了一个开放型问题："你们对新项目的想法是什么？"

其中一位员工回答："我认为它有潜力，但可能会面临技术上的挑战。"

经理继续深入地追问："你提到的技术挑战具体是哪些？"

这位员工回答："我们将需要开发一个全新的软件平台来支持项目，这需要我们学习新的编程语言和技术。"

经理进一步追问："那么你认为我们的团队有能力应对这些挑战吗？"

员工回答："我相信我们可以通过培训和合作来解决这些挑战。"

接着，经理又转向其他员工，提出类似的具体问题和追问，逐渐了解到每个人对新项目的看法。通过这种开放型问题和具体问题交替使用的方式，经理能更充分地了解员工的观点和意见，收集到更多细节信息，同时引发员工的思考和参与，从而使此次沟通更加深入，以便做出正确的决策，最终使得团队协作更加高效。

再次，给出正向反馈，包括言语交流和非言语交流。当对方回答问题时，作为听话者也应该以积极的肯定性回应来鼓励对方，或是直接以言语表达赞赏和肯定，或是从面部表情、肢体动作传达出对对方回答的支持，例如点点头、微微一笑、竖大拇指等。这样能够增加对方的参与感和积极性。

最后，善于聆听，知己知彼。倾听和体察对方的需求也很重要，这是我们把问题问好的基础。在提问之前，提问者应先仔细倾听对方的陈述，观察对方的非言语信号，探索对方的需求和意愿。只有掌握了对方的真正关注点，提问者才能有针对性地提出有价值的问题，满足对方的期望，达成沟通目的。

但也要注意，提问要有边界感。比如，出租车司机王先生通过自学掌握了英语，并成为公司内英语学习的佼佼者。某天，他接待了一位外国乘客，这让他兴奋不已，因为这不仅是一个实践英语口语的好机会，也让他能够充分展示自己的语言能力。但在沟通中，他开始问到一些触及个人隐私的问题，例如客人的年龄、婚姻状况以及家庭情况等。结果，客人逐渐感到不舒服，转移了话题，整个沟通以尴尬收场，王先生最终仍不明其意。

事实上，造成这种结果的原因不在于王先生的英语水平，而是他提出了一些涉及对方个人隐私的问题。二人素昧平生，这样的问题显然不应该由王先生主动提出。在日常沟通中，个人年龄、身体状况、婚姻状况、收入支出、家庭住址、信仰等都属于个人隐私，我们应该避免主动提及这些问题。了解和尊重对方的隐私是保持双方良好沟通的重要前提。

总之，"巧用问话"作为沟通中不可或缺的一步，有其不可替代的优越性。我们谈到的具体做法或技巧只是一些普遍性的方法，在具体的沟通情境中，我们还需要具体问题具体分析。更重要的是，任何沟通情境下都需要尊重对方隐私，尽力避免提及敏感问题。

五、善用美言，三冬暖如春

"美言"可以理解为嘉言、善言，广义上指一切美好的言辞。在沟通中善用美言，是通过使用体贴、鼓励、赞美或肯定的语言，向对方传递友善与关爱、真诚与善意，这可以增强亲和力，赢得对方的信任与共鸣，有助于营造良好的沟通氛围，提升沟通效果。

对于说话者来说，善用美言可以更好地激发听话者的积极性和动力，引领他们朝着沟通双方期望的方向行动，为他人带来积极影响。而这种积极影响也潜移默化地帮助说话者塑造自信心、自尊心，树立乐观向上的个人形象，从而更好地在沟通中发挥作用。对于听话者来说，美言可以让观点或建议听上去更加温暖和积极，能够传递乐观的情绪，减少误解和冲突。

同时，美言还能增强观点的说服力，这就使听众更容易理解并接受。

善用美言在销售服务领域的沟通中很常见。当销售服务人员向顾客表达意见、提出建议时，使用温和、体贴和尊重的措辞，能够提高话语的可接受度，让顾客更易于理解并接受，进而达到成功交易的沟通目的。具体来说，他们的美言大致分为以下几种情形。

其一，强调产品或服务的优势。这类销售服务人员在与顾客沟通时，会重点突出产品或服务的特点、价值以及在同类产品中的优势，以积极的语气让顾客感受到产品或服务的优越性。例如，某品牌笔记本电脑的销售人员向顾客推荐道："我们的这款产品采用了目前最先进的技术，处理器、硬盘、显卡、内存等方面的性能，在同类型、同价位的产品中处于领先地位，能够为您提供更高效、更便捷、更流畅的使用体验。"

其二，使用积极回答方式。当顾客提出需求或问题时，尽量使用积极的回答方式，尽量避免直接拒绝或使用否定的词汇。例如，希尔顿酒店的员工守则中不允许员工对客人说"不"，当员工需要告知客人不能做某事时，可以以肯定的或反话正说的方式进行表达，因为生硬冷漠的方式会降低客人的服务体验感，影响酒店在客人当中的口碑和形象。例如，可以用"是的，我们可以为您提供这项服务或满足这个需求，但需要一些时间来完成"代替"不行，我们无法立刻满足您的要求"。又如，作为卖鞋子的销售人员，当顾客试穿鞋子时，比起直接说"您的右脚比左脚大"，选择"人们的两只脚往往存在大小差异，您的左脚要小于右脚"这种表达方式，更能增加顾客好感度，顾客也更容易为此买单。

其三，使用正面的语气和肯定性语句。在与顾客进行沟通时，使用正面、积极的语气来表达观点和建议，传递乐观情绪，可以营造融洽的沟通氛围。例如，我们可以说"我相信这个产品将会满足您的需求"，"我们的团队会竭尽全力为您提供卓越的服务"。

其四，使用情绪化语言和亲切用语。使用情绪化的语言和亲切的用语，可以加强顾客和销售人员之间的情感联系，增强客户对产品或服务的好感度和信任度。例如，可以使用"我们非常荣幸能够为您提供帮助"，"我们期待能让您体验到更优质的服务"。

其五，提供替代方案或增值服务。当顾客提出的需求无法得到完全满足时，聪明的销售服务人员应善于主动提供替代方案或增值服务，以提高顾客的满意度和消费欲。例如，"虽然我们目前没有这个具体功能，但我们可以为您制定一个个性化的解决方案来满足您的需求"，"如果您选择我们的高级会员服务，除了基本功能，还可以享受一些专属特权。"

其实，工作能力出色的销售服务人员在与顾客的沟通中，往往会将上述五种美言方式结合起来使用，以达到成功交易的沟通目标。例如，小张是某品牌手机店的销售冠军，当一位顾客咨询一款手机的功能和价格时，她是这样说的："非常感谢您的咨询！我们这款手机是一款功能强大、性价比很高的产品，它拥有高清屏幕、快速处理器和高像素摄像头，定价也非常合理。您可以通过我们的官方网站或者线下店铺来了解更多详细信息。我们也提供试用和售后服务，以确保您的购买体验愉快和满意。您还有没有其他问题？我都可以帮您解答的。"可以看出，小张首先使用了积极的语气和肯定性语句表达了对顾客前来咨询的感谢，接着强调手机的功能和价格优势，还提到了购买后的试用和售后服务，以提高顾客对产品的信任和满意度。最后，她还不忘表达她愿意继续耐心为顾客提供帮助的态度，让顾客感受到她的专业、热情和友好。

"良言一句三冬暖"，善用美言不只表现在销售服务领域，它在其他任何沟通情境中都颇受欢迎。假设你正在与同事讨论一个有争议的问题，你的同事持有与你不同的观点。这时，你就可以运用美言来缓和紧张的气氛，同时表达你的观点。比如，"我很欣赏你对这个问题的看法，你的观点非常独特和富有洞察力。我的观点可能与你的有所不同，不过我们可以一起努力寻找一个折中的解决方案，将双方的优势结合起来，以期达到更好的效果。"这样，通过使用美言，你既表达了对同事观点的认可和尊重，又在表明自己的观点时展现了一种积极合作的态度，避免引发冲突，使对话变得更加和谐，促进了双方的沟通与理解，提升了此次团队沟通的质量。

由此可知，善用美言确实能够产生积极的影响，提升沟通效果。但是，在使用美言时，我们也需要时刻保持诚实和真挚，避免过度夸大或虚伪。在沟通中与他人建立真实的、有意义的连接，才是达成沟通目的之关键，是建立长久稳固且良好关系的基础。

六、层层递进，逐步引导

日常生活中，当你逛街进店里询问某个产品的情况时，如果店家直接拿出店里质量最上乘、价格最高的产品，你可能立刻被"劝退"，瞬间失去购买欲望，转身离开。为了避免出现这种情况，店家通常都会先给你展示一些比较普通的商品，这些商品的价格一般在你的购买能力范围之内；当你对此类产品有了初步了解之后，店主再一步一步地向你展示那些更好的产品，虽然价格也会随之慢慢上涨，但此时，你显然更容易接受这些变化。

可以发现，"层层递进，逐步引导"被广泛运用于沟通中的各种情境，是一种很有效的沟通方法。它的作用有以下几点。

其一，帮助我们有效传达信息。说话者通过有意识地逐步引导对话，可以确保信息的有效传达和理解。由简到繁、由易到难的沟通方式可以激发对方的思考和兴趣，帮助听话者更好地理解和接受你所要传达的信息。

其二，可以降低沟通阻力和抵触情绪。当听话者面临一些新鲜的、未知或者令其抵触的信息时，从最难的部分开始或直接一次性传递全部信息，可能会引起他的抵触情绪，增加沟通阻力。这时，"层层递进，逐步引导"的方式就可以帮助听话者逐渐接受和理解这些信息，减少可能的抵触畏难情绪。

其三，能够增强双方的合作意愿，提升沟通效果。说话者通过逐渐提供信息并加以引导，可以让对方逐步参与到决策过程中，主动思考和回应，激发听话者的积极性，在沟通双方间建立共识，使得沟通变得更加积极、有效，从而推动双方在合作中达成沟通目标。

那么，我们怎样才能做到有意识地"层层递进，逐步引导"呢？

首先，了解听话者的沟通需求。在开始沟通之前，说话者需要通过提问、倾听和观察等方式了解听话者的需求和背景，以便于选择适当的沟通方式和内容。

其次，渐进式地阐发观点，引导听话者自主思考或发现。在沟通的过程中，说话者先要逐步阐述自己的观点或信息，从简单明了的方面入手，逐渐扩展到更深入、更复杂的内容，让对方可以逐步理解和接受，要注意避免一次性给予过多信息或选择从最难的部分开始。在此基础上，通过提问和引导的方式，引发听话者的自主思考，就能增加其在此次沟通中的参与感，更有助于其深入理解和接受说话者的观点。

最后，也要注意针对听话者的反馈进行回应。在逐步引导对话的过程中，说话者需要时刻留意对方的理解情况和提出的问题，对症下药，有的放矢地进行回应和解答，澄清可能存在的疑惑，逐步推进沟通的深度和广度。

当然，递进到困难的那部分，为了更好地帮助听话者理解和接受说话者的观点，适当使用恰当的例子、身边具体的实例或形象生动的比喻，帮助其理解抽象或复杂的概念，也可以起到良好的沟通效果。

例如，在教师授课的情境中，层层递进、逐步引导学生是一种有效的教学沟通方法，它可以帮助学生由易到难地理解和掌握重点知识。

比如，在一堂初中数学课上，李老师正在讲授代数方程的解法，她通过示例、演示、讨论和实践等方式，采取了"层层递进，逐步引导"的教学策略，让学生理解方程解题的思路和方法，引导学生逐步理解和掌握课堂重点，培养他们的思维能力和解题能力。

首先，她通过举例子，简单介绍了代数方程和解方程的概念，并给出了一个简单的方程示例。然后，引导学生观察这个方程的特点，帮助他们理解方程中未知数的含义。

接下来，她正式为学生讲解了一些解一元一次方程的基本方法，例如平衡法和逆运算法，并通过一些具体的例子演示了解题过程。同时，李老师也注重引导学生们自主思考和讨论，积极参与解题过程。

在学生掌握了解一元一次方程的基本方法后，李老师逐步引入更复杂的方程，例如含有两个未知数的方程。她通过解析和问题引导，提醒学生分析方程的结构和特点，灵活运用已学到的解题方法。

课堂最后，李老师给学生提供了一组综合性的练习题，通过逐步指导学生自主解答，使学生巩固所学知识，发展解题思维能力。同时，她在解答过程中还提出一些引导性问题，帮助学生理解题目背后的数学概念和思想。

通过这样层层递进、逐步引导的教学过程，学生在多次练习和思考中逐渐掌握了代数方程解题的方法和技巧。他们通过观察、思考、讨论和实践，逐步建立起解题的思维方法，提高了逻辑思维能力。

再来看一个销售情境的例子。销售人员小张遇到了一名潜在客户，该客户对其公司旗下某种产品非常感兴趣，但对购买还有些犹豫，持观望态度。于是，小张聪明地采用层层递进、逐步引导的方式，完成了促使客户成功交易的沟通目标。

小张在发现这名潜在客户之后，立刻与其建立了良好的沟通和信任关系，充分了解到客户的主要需求和痛点。在此基础上，他开始按照"层层递进，逐步引导"的原则，有针对性地向客户提供产品的相关信息，介绍产品的优势和特点。作为一名优秀的销售人员，小张很清楚地知道，强行推销可能会让客户感到厌烦，或者产生抵触情绪和不信任感。因此，他采取温和的方式，逐渐引导客户，以增强客户的购买意愿。

他首先以问询的形式引导客户思考问题，探索其当前的需求是否可以通过旧产品满足。然后，小张通过为客户提供适当的解决方案，展示了本产品的功能、性能和优势，以及其他客户良好的使用体验，以增加客户的信心。

其次，在此过程中，小张还灵活运用了一些销售技巧，例如，提供个性化的建议、与客户共同制订购买计划、提供试用或演示服务等，以帮助客户更好地了解产品，体验产品的价值和优势所在。

最终，在多次交流后，小张通过层层递进和逐步引导的方式，逐渐让客户对产品产生了浓厚的兴趣和信心，并说服客户做出购买该产品的决定，成功促成了这一单生意。

上述案例说明，这种"层层递进，逐步引导"的销售技巧，可以帮助销售人员更好地理解客户需求，找到他们的痛点，并提供更优的解决方案，可以成功将潜在客户需求转化为实际的销售成果，同时树立良好的企业形象，提升客户满意度。

"层层递进，逐步引导"在各种沟通情境中也并不鲜见，是一种行之有效的沟通方法。除了上述例子说明的教学和销售情境，我们也可以有意识地将其广泛运用于日常生活的其他沟通情境，从而帮助我们顺利实现沟通目的。

七、切中要点，"打蛇要打七寸"

沟通中的每个论证都要围绕论点进行，论点即与主题相关的要点。在与他人的沟通中，"切中要点"，指在沟通中处理问题能直击核心，针对关键点对症下药，是一种极为高效的沟通方式。一方面，通过"切中要点"，我们可以将对话中不相关或冗余的信息排除在外，将注意力集中在关键的问题上，避免主题论点扩散或模糊化。另一方面，当我们能够准确找到对方话语中的关键点，迅速定位问题的本质和根源，就能及时采取有效措施有针对性地快速解决，避免因问题扩大化而给后续沟通带来不良影响，从而大幅提升工作的效率和质量，节省时间和精力。当我们明确了此次沟通的核心目的，解决了关键问题，自然就实现了一次成功的沟通。

那么，哪些部分能够成为我们沟通中需要注意的"要点"？应该有如下三点：一是核心信息。在沟通过程中，人们通常有很多信息交流，但这些信息并不都是同等重要的，要避免被次要信息干扰。那些关键和核心的信息才是沟通的要点，它们对沟通能否顺利完成至关重要。二是关键问题。沟通往往是为了解决某个问题或达成某个目标，那些需要集中精力去重点理解、解决或回答的问题，决定着沟通目的能否达成。三是重要细节。在沟通中，有时会有很多细节信息涌现，但并不是所有细节都是重要的，只有那些与核心问题密切相关的重要细节，才值得我们密切关注。这些重要的细节能够帮助我们更好地理解沟通中问题的本质，从而制订合理的解决方案，提升沟通的质量。

我们知道了沟通中的"要点"有哪些，又如何在沟通中顺利切中要点，"打到蛇的七寸"？也就是，如何在沟通中快速、准确地捕捉到核心信息？

首先，提前做好准备，明确目标。也就是说，在沟通之前，我们就要明确自己的目标是什么，想要解决的问题是什么，然后将注意力集中在这个目标上。这样一来，在沟通之中就能有的放矢、游刃有余地围绕要点进行。其次，梳理思路，理解重点，并提供可行性方案。我们在沟通之中要善于聆听，通过仔细倾听和提问来深入理解对方提出的问题或需求，将其进行梳理和整理，找出其中的主要矛盾、核心难点或必要步骤，剔除次要信息和无关因素。这样才能针对核心问题，有效运用专业知识、经验或创造性思维，为彼此提供明晰、合理、可行的解决方案。最后，在沟通结束前，要再次强调核心要点，确保对方明白我们的意思，并能够根据我们的建议或指导来采取行动。

另外，在整个沟通过程中，双方都要注意，避免冗长的陈述，应专注于核心要点，言简意赅，表达清晰，不引起对方的困惑或分散注意力。

销售人员小王深谙此道，在沟通中"切中要点，打蛇打七寸"，帮助他高质高效地完成了与潜在客户成功交易的沟通目标。

一家制造业公司的采购经理成为小王的潜在客户。首先，小王与这位潜在客户进行了产品介绍和洽谈。在初步了解了客户需求后，小王发现，客户对价格非常关注，同时也对产品质量和交货期有着一定要求。

然后，小王针对客户的关注点，做了充分准备，为其提供了以下具体信息。第一，他强调了产品的高性价比，小王通过对市面上同类型、同价位产品进行调研，提供了相应的市场比较数据，说明了自家产品在同类产品中的竞争力和优势。第二，他详细介绍了公司的质量管理体系，并提供了相关认证和资质的证明资料，以证明产品质量稳定可靠。第三，他针对交货期的问题，提供了一份详细的生产计划和物流安排，确保公司可以按时交付货物。我们可以发现，小王在与客户的沟通过程中，精准地回答了其关于价格、质量和交货期的疑问，几乎没有废话，所有论述都直接命中了客户的关注点。

就这样，通过充分了解客户需求并提供详细的解决方案，小王成功打动了客户。最终，客户选择了小王公司的产品，并与其公司建立了长期的合作伙伴关系。

这种能够"切中要点，打蛇打七寸"的沟通方式，在销售领域中非常重要。一名合格的销售人员，应该快速理解客户的需求，明确关键点，精准回答问题并提供符合客户期望的解决方案，这样才能与客户建立信任，打动客户，达成合作，顺利完成沟通目标。

小王的部门经理小张为我们提供了反例。在一次小组会议上，部门经理小张需要向小组成员解释一个新的项目计划。他滔滔不绝地开始了自己的"演讲"，详细介绍了项目的背景、目标和计划步骤，并提供了大量的数据和技术性的信息。

小组成员很快就开始出现了分神和不专注的情况，随着时间的推移，这种情况愈演愈烈。与会者开始在手机上玩游戏、看邮件，或者低头无意识地翻看纸张。有些人甚至转头互相交谈，不再关注小张的讲述。这时，小张还没有意识到问题所在，继续讲述着他的内容，着重对数据和技术细节进行更进一步的解释。

最后，会议结束时，与会人员仍然没有对项目计划有一个清晰的理解。

可以看出，小张沟通失败的主要原因是不清楚听众的需求和知识背景，未能抓住重点，没有直接传达核心的信息，也没有用简洁易懂的语言表达会议的关键要点。另外，他的演讲内容中充斥着大量晦涩的技术术语或专业术语，使得与会人员无法理解和消化。小张提不起听众的兴趣，也没有保持与听众的互动，导致听众没有参与的积极性，专注度快速下降。最后，他也没有总结和重复关键要点，达不到强调重点的效果，听众自然缺乏对重要信息的理解，且对会议内容记忆不深。

学会在沟通中科学运用"切中要点"的沟通方式，可以帮助我们高质高效地完成沟通目标。

八、语言要幽默，谈吐要优雅

在沟通中使用幽默的语言、优雅的谈吐，可以让说话者从人群中脱颖而出，给听众留下深刻的印象。这种沟通方式的优越性体现在以下四个方面。

其一，促进构建沟通双方良好的人际关系。语言幽默、谈吐优雅可以拉近沟通双方的距离，加深彼此的联系，使谈话更加愉快。幽默的表达方式能够给听话者带来欢乐，而优雅的谈吐则能展现说话者的文化素养、个人修养和家庭教养，可以给对方留下良好印象。

其二，提升说话者的话语影响力。幽默的语言和优雅的谈吐能够增强说话者在沟通情境乃至社交场合的影响力。以幽默的方式表达观点，可以吸引听众的注意力，更容易让听话者接受自己的观点；优雅的谈吐则传递出一种自信和权威感，更容易使听话者信服，使其愿意听从说话者的建议或意见。

其三，可以加深听话者的记忆。幽默的句子、故事或笑话往往更容易被人们记住，这有利于增强说话者的表达效果，加深听话者的记忆，提升信息传递的质量和效率。采用优雅的表达方式有助于说话者准确地表达自己的意思，使其传递更加清晰、完整的信息。

其四，可以缓解紧张的沟通氛围。在氛围紧张的场合或者重要的谈判中，一些幽默的话语可以缓解紧张的气氛，打破僵局，帮助人们放松心情，减少拘束，可以更轻松地开展沟通对话，营造一个更好的沟通氛围，增强沟通效果。

沟通中，幽默的言辞包括双关语、俏皮话、玩笑、寓言故事、有趣的描述等，也包括对一些隐喻、比喻、夸张等修辞手法的运用，我们可以通过阅读和观察来锻炼和提升自己的语言幽默能力。在沟通中，讲话幽默可以增加语言的张力和趣味性，为沟通增添乐趣，帮助我们轻松地吸引听众注意力，取得更好的沟通效果。

曾经，朋友陪我一起参加了一场英语演讲活动，上台前，我紧张到双手冒汗。朋友发现我状态欠佳，为了让我放轻松，他说："嘿，你怎么看起来比一个考试前的学生还紧张啊！没事的，我们只是去表现自我，又不是上战场，放轻松点！""你的演讲就像是一场追逐彩虹的旅程！一开始，你可能有些颠簸和紧张，但当你迎接挑战之时，你的灵感会不断涌现出来，使你大放异彩，点亮整个舞台！"

他用幽默的话语，让我感受到了支持和鼓励，缓解了我的焦虑，使我逐渐放平了心态，发现这次演讲原来也可以是一次有趣而奇妙的体验，我有信心控制住全场。后来，这次英语演讲成功结束，我全程状态都很好。朋友用幽默而鼓舞人心的话语，帮助我放平了心态，给予我鼓励，营造了轻松的沟通氛围，这次经历也增进了我们之间的友谊。

沟通中优雅的谈吐，在语言上通常表现为用词得体、语法正确、句子连贯，熟练使用礼貌用语等；在语音语调上，表现为讲话的音量大小适中，语调平稳舒缓，给人带来愉悦的感官体验；在身姿仪态上，表现为良好的仪态，自信友善的态度，善于倾听，对对方的发言给予足够的尊重和关注，并做出恰当的反馈等。总之，我们应争取通过自己的言辞和行为展现出尊重对方、关注他人的态度，从而给对方留下良好的印象，提升沟通质量。

比如，贝丽莉是某公司一位高级经理。在一次商业会议上，她需要与来自不同国家和地区的客户进行交流。她意识到，在与这些客户沟通时，谈吐优雅非常重要，可以帮助她通过与他人的沟通交流建立良好的人际关系，并促进双方合作。

　　为了展示自己的谈吐优雅，贝丽莉有意识地做了提前准备。首先，她注重使用恰当的礼貌语言，确保在与客户交谈时始终使用适当的称呼和礼貌用语。例如，尊姓大名、对应的职称、感谢之词等，这样可以向客户传达出她对他们的尊重，表示对其早有关注。其次，贝丽莉在沟通中注重语言的清晰度和准确性，避免使用模糊或含糊不清的词汇，选择较为准确的表达方式来确保她的观点清晰，易于理解，同时确保她的话语语速平缓、流畅自然。此外，贝丽莉还善于运用肢体语言来辅助她的沟通。在整场会议中，她昂首挺胸、步调自然、面带微笑，展现出其自信专业而又亲切友好的形象。最后，贝丽莉在沟通中注重倾听，不会过多打断对方，给予足够的时间让对方表达自己的想法，并用适当的方式回应，让其感受到她的关注和合作意愿。显然，在这场商业会议中，贝丽莉以其优雅的谈吐给合作伙伴留下了良好的印象，与客户建立了和谐融洽的沟通氛围，有助于完成其顺利达成商业合作的沟通目标。

　　我们可以发现，幽默的语言和优雅的谈吐都需要深厚的知识储备、丰富的词汇量和有趣的表达方式，因此，我们既要学会观察世界，发现生活小事中蕴藏着的美，也要广泛阅读，博览群书，积淀自己的文化素养。需要注意的是，在沟通中，幽默需要一个度，这个度根据实际情况而定。我们要注意对方对幽默的接受程度。恰如其分的幽默可以让气氛轻松愉快，但若我们太过追求幽默，则可能引发误解，让对话变得不正式。同时，时机或场合不当的幽默也可能给特定群体带来困扰，会严重地影响沟通效果。由此，我们要选择合适的幽默方式和幽默程度，掌握恰当的时机，避免在不恰当的场合随意幽默。

九、简化用语，避免辞藻堆砌

信息时代的快速发展给我们社交方式提出了新要求，沟通渠道的拓宽与便利、生活节奏的加快要求我们相应地提升沟通效率。简化用语，避免辞藻堆砌，在沟通中显得尤为重要。

首先，简化用语，避免辞藻堆砌，节省了听话者琢磨那些华丽辞藻的时间，使其将焦点和精力集中于核心信息上。清晰明了、精练准确、直接易懂的言辞可以大幅度地提高信息传递效率，进而提升沟通的质量和效率，帮助我们又好又快地达成沟通目的。

其次，复杂的句式、生僻的用语、华丽的辞藻，一方面会给听话者带来理解障碍，可能导致双方之间信息传递失败，甚至"驴唇不对马嘴"，不在一个频道；另一方面，也可能引发不必要的误解，降低信息传递的准确性，让听话者抓不住说话者想要表达的"点"。

最后，简单用语更接近日常表达，即"接地气"，能够拉近沟通双方的距离，使彼此感受到真诚、亲近与平等，自然使双方能在良好的信任关系基础上推心置腹，提升沟通的质量和效果，卓有成效地完成沟通目标。

我们可以看到，一些知名演讲都颇为简洁精练。史蒂夫·乔布斯在2005年斯坦福大学毕业典礼上的演讲约有2500个单词；马克·扎克伯格在2017年哈佛大学毕业典礼上的演讲约有3000个单词；奥普拉·温弗瑞在2018年第75届金球奖颁奖典礼上的演讲约有1200个单词。这些演讲的内容都很鼓舞人心，产生了深刻的社会影响，但同样也都简洁精练，用最少的词语表达出了非凡的意义，它们不仅感染了当时的听众，而且鼓舞了年轻一代，这些演讲直至当下仍铿锵有力、发人深省。

再来看我国历史上的例子。前有北宋欧阳修推行"古文运动"。他以"逸马杀犬于道"六字总结众人之所见，言简意赅，文从字顺，虽简而有法，言之有物，准确表达了其意，且通顺直切，更易于理解。这令前来质问的贤俊心服口服，他们对欧阳修废弃那些咬文嚼字、文风浮靡、言之无物的"太学体"的主张不再有异议。20世纪初，"白话文"运动兴起。当时，分别代表新旧两大派系的胡适与黄侃观点相左。黄侃认为古文比白话文更简洁明了，并以"妻丧速归"与"你的太太死了！赶快回来啊"做比较，两句话表达了相同的意思，但前者不仅精练明晰，而且从当时发电报按字计价的长途交流方式来看，4字比11字更经济。而胡适认为，白话文比古文更言简意赅，并以"干不了，谢谢"与"才疏学浅，恐难胜任，恕不从命"做比较。两句话意思相同，但前者显然更加精练。由此可见，无论是白话文还是古文，关键在于说话者的用字或修辞，它考验的是说话者的文字驾驭能力，简洁明了的言辞通常更受欢迎、更易于沟通、更便于理解。

发展至现代，又有知名国学大家文怀沙先生所著的《文子三十三字箴言》，这篇短文的核心仅三个字，即"正清和"，他将这三个字解释为"孔子尚正气，老子尚清气，释迦尚和气。东方大道其在贯通并弘扬斯三气也。"短短三十个字，引发学界热议。此观点为哲学方面的论断，对此观点，笔者没有中国文化方面的深厚积淀，不敢妄加评判，但文先生的文字驾驭能力与语言精练程度，可见一斑。

那么，怎样才能简化用语、避免辞藻堆砌呢?

首先，我们要努力认识事物发生发展的本质和规律。无论是通过直接观察生活得到的直接经验，还是通过与达者交流、阅览书籍等得到的间接经验，都能帮助我们更深刻地了解世界。也只有认识到事物的本质或发生发展的规律，我们才能在沟通交流中把握关键信息，从而在沟通中一针见血，直指核心。

其次，沟通中，说话者要尽量用简洁的语句直接表明其意。既不使用过度的修饰词、形容词或副词，只保留核心信息，用短句表达说话者的完整思想，不拐弯抹角，不让听话者去猜测自己的意图或观点。

再次，我们也要学会"断舍离"。对无效、过时、老套、愚昧的信息，要果断摒弃，对空话、套话、重复累赘的话（例如口头禅）、与主题关系不大等细枝末节的话，也要及时舍弃，这些语言在沟通中会干扰听话者对主要且重要的信息的接收与储存，影响其对沟通主题、沟通目的的理解，进而降低沟通质量和效率。沟通中，我们需要抓住主要内容，压缩次要内容，提高文字或语言的利用率。

最后，我们也要对听话者的文化传统、语言习惯、学习背景、性格爱好、立场以及此时沟通的具体语境做好充分考察。不同的听话者，其知识体系架构或理解能力也各有不同，有针对性地选择合适的沟通方式，有利于提高沟通效率。但我们也要尽量避免使用那些艰深晦涩的专业术语或专业性译介语言，选择常用语、惯用词组搭配、俗语等，这样更易于听话者理解、接受或记忆，从而使我们快速得到反馈。

十、有效利用非言语信息

美国心理学家艾伯特·麦拉宾曾提出沟通中的"73855"定律，说的是人在接受说话者提供的信息时，"总体效果 =7% 的言语 +38% 的声音 +55% 的面部表情"。这里，非言语信息的占比比言语信息大得多，可见，他认为前者传达了比语言本身更多的、更易被听话者接受的内容。

在人际沟通交流的非言语维度，传达沟通双方信息的非言语行为功能众多，分类驳杂。在不同社会文化背景下，人们对非言语信息的理解可能存在一定的差异。非言语信息大致包括以下几种分类。

其一，面部表情。在与人沟通时，听话者对说话者的首要印象往往不是语言，而是面部表情。眉毛、鼻子、嘴巴等面部器官的状态是说话者做出的实时反应。因此，面部表情是人与人沟通中更为直接和明显的非言语信息，直接表达着人的情感情绪，例如，微笑、稍微皱眉、抬眉、眉头紧锁、撇嘴等。当然，沟通中，过于丰富的面部表情也会给人留下夸张之感。

其二，眼神。眼睛是人心灵的窗户，沟通双方可以通过目光交流传递信息，眼神可以传递关注、肯定、信任、感兴趣、怀疑、悲伤、惊讶等诸多信息，避免眼神接触则可能意味着一方有不信任或者害羞情绪。

其三，肢体动作。一个人整体的身体姿态和身体部位的动作也可以传达信息。例如，昂首挺胸体现了一个人的自信、庄重；低头躬身则表示尊重和谦卑。沟通双方的肢体触碰也不例外，在初次见面或时隔很久再次见到的朋友之间，轻轻握手可能表示初次见面双方对彼此的信任；紧紧握手很长时间不松开，可能表示一方见到好朋友时激动的心情和对其深深的想念；"轻拍肩膀"表示友好；当你的朋友在会议中喋喋不休时，轻轻触碰他可以提醒他应注意会议时间，等等。

其四，语速、语气和音调。它们也属于非言语信息，我们可以通过声音的高低、语速的快慢、语气的强弱等变化来表达不同的情绪和意思。例如，说话时语速极快可能表达出紧张激动的情绪；音调骤然升高可能表达出气愤的情绪；低沉的声音可能传递出严肃或悲伤的情绪。

其五，着装打扮。这种非言语信息更加直观，例如，工作人员穿着正装以表达认真严谨地对待工作的态度；朋友穿着睡衣来见你，表达出对你的信任和亲密。

其六，空间因素。在沟通中也要合理利用空间来传递情感和意图。例如，靠近对方表示出亲近和关注，而远离对方则表示保持距离或避免冲突。

　　当然，非言语信息并不只局限于以上这些，还有很多其他的表现形式。例如，走路步速与幅度、手势、呼吸节奏等都可以在人与人的沟通中传递一定的信息。非言语信息是沟通中不可或缺的组成部分，通过仔细观察并理解这些信息，可以更加准确地理解对方的意图和情绪，从而提升沟通的效果。

　　在沟通中充分有效地利用非言语信息，可以达到意想不到的效果。

　　例如，当你试图体现在仔细聆听说话者表达的信息并很感兴趣时，可以这样做：身体稍微前倾，面带悦色，眼睛要真诚地注视说话者，但也注意无须一直盯着其眼睛看，因为这样会令人感觉不舒服，你只须让说话者感受到你的注意力集中在他这里就好。当想表达对说话者谈论的话题更感兴趣时，也可运用自己的表情、姿态、感叹词或简短的插语等。例如，微微一笑、哈哈大笑、不停地点头、"哇"地一声等。

　　而当你试图体现对说话者表达的信息不感兴趣，急于结束这场谈话时，可以这样做：微笑并向后退一步暗示你正准备离开。同时，逐渐放慢语速和降低音调，传达对话即将结束的信号。还要减少眼神交流，或将目光从对方身上移开，可以代表你希望结束对话，但也请注意，应尊重对方，并保持适度的眼神接触，在结束沟通时也要尊重对方的感受和意愿。

　　又如，中国古代就有"端茶送客"的惯例，这一非言语信号传递的信息是主人与客人心照不宣的。虽然如今在生活中已不复存在，但是当遇到

"自说自话""交谈自恋""不请自来"的说话者时，也会让人希望能有类似惯例来使沟通双方体面收场。

再如，甲乙两人此时在吵架。其中，甲的情绪暴躁，脾气十分不好，经常随意对别人发火。乙看到甲面部表情表现为紧锁眉头，嘴唇紧抿，眼神犀利并怒视对方等；肢体动作表现为拳打掌握、摔东西、翻桌子、来回踱步、烦躁地抓挠头发、颓废地倚靠在座位上，或者猛地推开听话者、猛地掷出物体等；语速音调表现为声音急促并高亢尖锐；呼吸节奏急促而不规律等。此时，乙就应该快速地离场，避免产生肢体冲突。

同样，在甲乙二人的沟通中，甲面对乙时，面部表情表现为微笑僵硬而不自然，目光游移，不敢直视乙的眼睛；肢体动作表现为手部动作不自然，下意识地颤抖或者揉搓，时不时地触碰自己的鼻子或耳朵或用手掌遮住嘴巴；语速音调表现为语速加快，有点颤抖或紧绷等。于是，乙就能从甲的非言语信号中判断他可能在说谎，在之后的沟通中就会提高警惕，以谨防自己上当受骗，二人进入"伪沟通"阶段。

因此，在人与人之间的沟通中，要有效利用非言语信息，从对方的眼神、面部表情、肢体动作、语速音调等细微变化中抓取更多有用的信息，提升沟通的准确性和效果。同时，也应注意以下两点：一方面，每个人的行为表达方式都有所不同，有些人擅长掩饰自己的情绪，要结合沟通中的言语信息具体问题具体分析；另一方面，在跨文化交流中，要尊重对方的习惯和文化，避免产生误解或冲突。

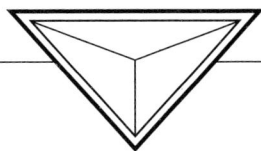

〳第五章〵

沟通要有氛围：搭建沟通平台

一、搭建沟通平台

沟通是人与人之间传递和反馈的思想，反映内在情感的动态过程。语言是表达思维内容的载体，当进行沟通时，人们需要使用语言将头脑中的思想内容准确、清楚地传递给对方，或者从对方的话语中快速提取关键信息，做出判断后给对方回应，以理解对方的表达目的。除此之外，沟通也是人与人之间互通感情、建立和谐关系的重要桥梁。

沟通是人在社会生存中的要学习的重要一课。"说话"基本所有人都会，但把话说得有艺术感，和他人融洽沟通，与他人建立良好的人际关系，就不是每个人都能做到的。因此，如何站在对方的角度为他人着想，保持沟通过程的和谐，又如何让双方对沟通的最终结果满意或达成妥协，想必是许多人面临的困境。

沟通并不是无准备的。在沟通前我们往往会思考"通过与他人沟通后，我需要达到的目的是什么？""我应该如何开口？""现在说这样的话合不合适？""他能理解我要表达的意思吗？"等一系列问题。因此，为了能让人们有效进行沟通，我们就要观察此刻与对方相关的一切因素，创造一种利于表达的环境条件——语境，并以此作为依据，分析应该用何种表达方式，让对方较容易接受自己的观点。

语境，即言语环境，它对言语的作用类似于交际环境对人们交际活动的作用。人们的一切交际活动总是在一定的交际环境中进行，而交际的时间、地点、场合、对象，以及社会背景、文化背景、自然环境等因素都会对交际活动的结果产生影响。这种影响既可能为良性影响，也可能为非良性影响。若在良好的语境中沟通，语境可排除表达歧义，为沟通的条件设定范围，使沟通事半功倍顺利进行；若在糟糕的语境中进行沟通，语境可能会制约表达的思想内容，从逻辑学视角看，不当利用语境会造成概念理解歧义。

例如，赵老师说："明天上午八点，我去上课。"

学生小华也说："明天上午八点，我去上课。"

这两句话的形式结构是相同的，都是"明天上午八点，我去上课"。然而从表达的内容上看，虽然都出现了"上课"这一概念，但两个概念并不相同，教师说的"上课"是去讲课，学生说的"上课"是去听课，这个句子的语境如果不够明确，就是犯了违反同一律中混淆概念的逻辑思维错误。旁听者若不清楚说话者的具体身份，将两句相同形式结构的话混为一谈，就不能理解说话者想要表达的真实想法。由此可见，说话者的身份角色不同，语境也会发生变化，就会造成概念理解歧义，导致发生逻辑错误的发生。

另外，语境蕴含的潜在信息可能会对沟通者起到暗示作用，影响沟通者的心理活动发展态势与沟通进展状况。潜在思想可看作逻辑学中的前提，这一前提往往会与对话者所处环境产生联系，让对话者把另一前提——对话内容相联系并得出结论，该结论则决定了之后的沟通状况的发展态势。

简言之，语境能为沟通创造一种交际氛围。交际氛围的好与坏直接影响着对话双方的情绪变化，关系沟通是否有效开展，以及对话双方能否达到沟通的目的，实现心中所想。逻辑学能够从科学的角度规范语境的发展态势，使对话双方在沟通过程中保持情绪的冷静沉着，理性分析表达话语对个人利弊的影响，灵活转换沟通思路；对不良语境能立刻发现逻辑错误，并及时纠正沟通思路，引导沟通最终顺利进行。

二、沟通期望：弄清楚自己想要什么

沟通是人与对方达成某种共识，以满足自己期望的一种重要的交际方法，这个过程需要借助语言来表达双方心中的所思与所想。沟通能帮助双方从对方那里获得理解和协助，达成满足各自某种需求的条件。从人们使用沟通的不同需求出发，我们可将沟通的目的分为四类。

第一，沟通可以帮助人们解释说明。通过沟通向他人介绍清楚一件事或一个事物，其目的是为了让对方了解介绍对象的具体情况。

例如，当去某地旅游时，因为对当地环境不了解，有的人会选择报旅游团，在参观景点过程中，导游向游客声情并茂地讲述与景点相关的历史背景，同时也对游客的某些需求做出回应。

从导游与游客的对话看，导游愿意与游客沟通的目的有二，一是向游客讲解景点，二是满足游客的需求，这是由导游的工作职责决定的。从游客角度出发，游客既然花了钱，就应该享受旅游团包含的一切服务，提出与旅游相关的需求也是可以的。游客从导游的专业讲解中，也能了解更多与景点相关的详细信息，如景点的人文知识和自然风貌等。

第二，沟通能帮助人们之间建立关系。在我国传统观念中，通过有效沟通与他人建立紧密的联系，被认为可以更有效地推动事物的进展。其核心目标在于与对方培育出一种和谐友好的关系。

例如，小李大学毕业后，到省外一家单位参加工作，离开了熟悉的校园和同学，一切都显得非常陌生。好在小李为人友善、开朗热情。今天小李第一天到单位报到，同事小王便热情地说："欢迎新同志，等会儿我带你熟悉下工作环境吧。"小李连忙笑着道："太感谢了，你在单位工作多久了？"小王道："我已经工作8年了，你平时工作上有不懂的地方都可以问我。"小李道："没问题，要不我叫你王姐吧！以后还需要多向你学习呢。"小王道："可以呀！"

从对话内容来看，小李是新来的同事，作为一名前辈，小王需要对新同事给予以一定的关心和照顾，毕竟将来可能共事，所以，小王的话语中充满友好和热情。小李与小王沟通的目的，首先是希望多认识一些新同事，好让自己适应新环境；其次，小李提出工作时间长短的话题，加深了与小王的沟通，并据此以"王姐"的尊称称呼对方，拉近了与同事小王之间的距离。在以后的工作中，小王与小李难免有工作对接的机会。因此，小李与小王沟通的目的不仅仅是为了拉近与同事间的距离，保持好初印象，也为与同事融洽相处奠定了基础。

当我们置身一个完全陌生的环境里，离开了熟悉的人和事，内心是没有安全感的。这种对周围环境的陌生感，会让我们感到不适应。为了摆脱对周边环境的陌生感，我们会尝试与周围的人或环境建立关系，沟通便是一个快捷的渠道。透过兴趣爱好、家庭、工作、择偶、恋爱、娱乐、八卦等大多数人都感兴趣的话题，人们会在内心估量对方的观点是否与自己的观点一致，如果双方在沟通后情感产生了共鸣，那么彼此的关系就会更加亲近。

第三，沟通能帮助人们表达情感。沟通既能作为纯粹地表达情感或培养情感的一种感性方式，也可以通过与他人建立较好的关系，增加亲密互动，满足我们的情感需要。在小李与同事小王的交流中，二人都是以友善的态度与对方沟通的，相比普通同事关系，选择亲密的辈分称呼可以加深二人之间的关系。

在家庭中，父母为了与子女更好地建立亲密关系，也会通过沟通来表达与对方的情感。

例如，在母亲节这天，孩子从幼儿园带回了自己送给母亲的手工礼物，郑重其事地对妈妈说道："妈妈，祝你母亲节快乐！谢谢你把我带到这个世界，妈妈我爱你！"母亲欣喜地拥抱住孩子："谢谢宝贝，这个礼物我非常喜欢，妈妈真是太高兴了！"

母亲在沟通中看到了孩子的孝顺和懂事，孩子在母亲的回答中得到了肯定，沟通双方都坦诚地表达了对对方的真实情感，加深了母子间的感情。除了以上正面情感表达的例子，还有以下负面情感表达例子。

例如，父母在不了解真实状况的情况下，大声责骂孩子为什么与其他同学发生争执，一味地指责孩子不能与其他孩子好好相处，不给孩子解释的机会，要么就是无法耐心倾听孩子的心声；孩子由于没有机会表达自己内心的真实感受，心里觉得很委屈，认为父母根本不了解事情的发展经过，也不了解自己。时间一长，孩子就会拒绝与父母互通情感，双方产生隔阂。处于青春期的孩子，常在生活中与父母发生冲突，产生矛盾，若父母只知一味指责，从不鼓励孩子，则时间一长，双方都把真实的情感隐藏起来。双方在表达情感上一旦受到阻碍，就很容易曲解对方的真实意图，也无法进行有效沟通。就算强行沟通，也只会激化矛盾。

第四，沟通能实现人们的企图。这里的"企图"没有好坏之分，它可以指某种诉求，或者是某种目的，或者是某种需要。对于擅长沟通的人来说，在你一言我一语的彼此往来之间，他们可以轻易地达到自己的目的，这也是语言艺术的一种体现。

例如，某天下午，学生小李和手机店的销售员砍价，准备给上了年纪的父母购买一部老人机。他看中了一款新上市的手机。这款手机的价格标签上写着1000元，但小李知道市场上类似功能的手机价格通常在800元左右。

小李对销售员说："这款手机看起来不错，但我在其他地方看到类似功能的手机，价格要便宜一些。"

销售员回应说："这款手机是我们店里的热销产品，它的性能和品质都是一流的，1000元的价格肯定物有所值。"

小李提出："我理解这款手机的品质，但我的预算有限。如果价格能更优惠一些，我会考虑购买。"

销售员询问："那你愿意出多少钱？"

小李回答："我觉得800元更合适，这个价格在其他地方也能买到类似的手机。"

销售员表示："800元太低了！我们店里的手机都是正品行货，质量都是有保障的。最低可以给你950元。"

小李坚持："950元还是有些贵，我最多能出850元。"

销售员考虑了一下，说："好吧，既然你这么喜欢这款手机，我就给你一个特别优惠，880 元，这是最低价格了。"

小李表现出犹豫的态度，开始收拾东西准备离开，同时说："880 元还是有点贵，我还是去别家看看。"

销售员见状，赶紧说："等等，好吧，850 元就 850 元吧，今天就当是给你个优惠。"

最终，小李以 850 元的价格买下了那款手机。

通过这场砍价，小李成功地以低于标价的价格购得了心仪的手机，销售员也通过这次交易完成了销售目标。这个案例展示了，在商业交易中，通过观察、沟通和策略性的让步，双方都能达到满意的结果。小李通过表现出对价格的敏感和对市场行情的了解，以及适时离开的策略，成功地促使销售员做出了让步。而销售员则通过灵活的价格调整，保持了客户关系并完成了销售。

小李的目的是以满意的价格买到心仪的手机，这是我们根据小李的行为知道的；销售员与小李多次沟通的目的是为了卖出店里的手机，从销售中获利，这是销售员的职业要求。二人围绕各自的企图进行了一番周旋，虽然故事中相比销售员，似乎小李更像是处于沟通的优势地位，但这并不意味着只有小李实现了企图，销售员没有实现企图。因为，销售员心知手机的实际批发价格，也通过对方的报价在心里不断掂量如何回本获利。在还价没有超出手机批发价格的前提下，只要有获利空间，销售员都会坚持与小李沟通。最终，二人的原本目的与结果虽然有落差，但是还是都实现了各自的目的（企图）。与其说实现了各自的企图，也可以说双方对最初企图的结果做出了可承受范围内的妥协，这也是二人能顺利沟通的原因。

无论沟通是出自以上哪种目的，在逻辑学视角下，沟通的过程即是逻辑学中论证的过程，沟通达到的期望即是论证的目的。论证是指用一个（或一些）真实判断确定另一判断真实性的思维过程。论证由论题、论据和论证方式三个要素构成。

开始沟通时，沟通者会表达自己的目的或观点，即提出论题。论题是指在论证中需要确定其真实性或虚假性的判断。在与他人交流的整个环节中，人们总是紧紧围绕着一个中心话题展开交流，这个话题或是讨论某件事情，或是表达某种情感，或是陈述某种期望，但论题必须清楚明确，保持统一，在沟通快结束时，仍然要以最初围绕的话题为中心，否则人在长时间的交流中，很难不因为各种因素的干扰而迷失在混乱的信息中，忘记自己沟通的本意。

例如，小红在家里点外卖，看到点餐平台上有家餐馆正在做活动，一菜一汤再加一份米饭的套餐价格只要15元，她就点了一份，可一打开包装盖，她就看到菜里有一根长头发。小红便打给商家问道："怎么外卖的菜里有一根长头发？"商家却不耐烦地回答说："你只花了15元，还想吃什么？"之后就挂断了电话。

这里双方本来应该讨论的话题是"菜里为什么会有一根长头发"，隐含的论题为：商家应如何处理菜里有头发的问题。结果商家借机将论题偷换成"你花了多少钱吃饭"，如果客人把注意力都放在了商家的讥讽之中，那么双方接下来就会发生争吵，忘记最初沟通时的本意，餐馆的卫生问题也无法得到解决。

除此之外，人们模糊或忘记沟通的论题还受到了两个干扰因素的影响，一个是论据，另一个是论证方式。论据是用来证明论题真实性或虚假性的判断。作为论据的判断，本身必须是已知的、真实的，既可以是科学上已经被证明的判断，也可以是通过论证使人们已经确信论题真实性的判断。若论据是沟通双方已经明确知道为假的判断，那论证就没有任何意义了，除非提出论据的人知道判断本身是假，故意为之。

请看下面这个例子。

一天，王老师在课堂上展示了一朵色泽艳丽的玫瑰花，并询问学生们："请大家闻一闻，空气中有什么气味呀？"一位学生很快便举手回答说："老师，我闻到了玫瑰花香。"接着，王老师手持玫瑰，缓缓地在教室内走动，让每位学生都有机会近距离看到玫瑰，然后再次询问他们是否闻到了玫瑰香。

这一次，几乎所有的学生都举手表示闻到了，只有一位学生没有举手。当再一次被问及是否嗅到任何气味时，该学生坚定地回答没有闻到任何味道。王老师随后向全班宣布，这位学生是正确的，因为展示的玫瑰实际上是一朵人造假玫瑰，自然不会有真正的玫瑰香味。

在故事中，论题是"空气中有玫瑰花的气味"。当大部分学生看到玫瑰花的时候，都认为空气里确实有玫瑰花的味道，因此，看到的玫瑰花就成为了他们的论据。但如果玫瑰花是假的，那么论据也就不是真实存在的了。老师一开始的误导，让学生信以为真，在不知道玫瑰花为假的前提下，学生以为的"空气中确实有玫瑰花的味道"这一论题也就不是真实的判断，因此，论证"空气中是否有玫瑰花的气味"也就没有意义了。这也告诉我们，眼见不一定为实，我们要经过科学的求证，才能判断事物的真假。

论证方式作为另一干扰因素，也影响着论证的结果。论证方式是指根据论据和论题之间的逻辑联系，遵守论证方法的逻辑要求，运用各种演绎推理和非演绎推理的逻辑方法，充分利用论据推出论题。值得注意的是，论证过程中所运用的推理形式一定不能违反演绎推理规则和非演绎推理规则的逻辑要求，论据与论题要相关，论据理由要真实充分。

例如，在曾经上映过的一部喜剧电影《撒娇女人最好命》中，有一个"吃兔兔"的桥段，让观众印象十分深刻。剧中女二号说："怎么可以吃兔兔？兔兔那么可爱。你这样太残忍了。而且以前我养兔兔，我也属兔兔。"于是男一号安慰道："好好好，不哭了不哭了，我们不吃了。"

"吃兔兔"的对话桥段，至今仍是很多人提到兔肉美食时会谈起的玩笑，电影反映了一些女性在男性面前刻意展示柔弱、有爱心的形象特点的现象。但如果从论证的角度来分析，这句话显然是存在逻辑错误的。首先，论题为"不可以吃兔"，论据分别为"兔那么可爱""以前我养兔""我属兔"，论题与论据有直接关系吗？回答是当然没有关系，这不符合论题与论据要有关联或因果关系的论证规则。其次，女二号在对话中四次提到了"兔"，而这四个"兔"并不是同一个概念，"吃兔"的"兔"为当前可食用的兔肉菜肴，"兔那么可爱"中的"兔"是指兔子这种可爱的动物，"以前我养兔"中的"兔"是指曾经养的某一只特定的兔子宠物，"我也属兔"中的"兔"是生肖。由此发现，论据与论题之间毫无干系可言，这违反了逻辑思维基本规律中的同一律。

旁听者如果不具备严密的逻辑思维能力，在不了解论证方式的具体规则的条件下，他们只会听个热闹，却不能指出说话者存在的逻辑问题，更不能发现说话者早已偷换了"兔肉菜肴"这一概念。

三、平和的情绪：保证沟通顺利进行

情绪，是人们对一系列主观认知经验的通称，是多种感觉、思想和行为交织产生的心理状态和生理状态。有的情绪比较普遍，如喜怒哀乐等，也有一些情绪较为细腻，如嫉妒、惭愧、羞耻、自豪等。情绪常和人们的心情、性格、脾气、欲求等因素互相作用，有时候也会受到激素和神经递质的影响。

　　情绪是人们感情的外在表现。说话者如果带有愤怒或生气等不良情绪，在表达内容时就容易受情绪的干扰，会让人们完全偏向选择只对自己有益的语言来表达思想或感情，因而忽略了对方的感受，表达方式也容易变得粗暴，使对方感到不适。倘若说话者发现自己或对方有情绪起伏的征兆，也就是从表情、行为、语气留意到了对方情绪的波动，那么此刻就应该意识到，是不是双方的表述中存在一定的问题，而让彼此感到了不适。

　　人并不是完全理性的生物，也不是封闭的信息处理机器，人具有会受到各种各样的因素影响的情绪，情绪又影响着思维的表达。这些影响情绪的因素分为内部因素和外部因素。

　　内部因素由人自身产生。第一种是生理因素，人体的一切生理活动都不是恒定不变的，而是有着起落变化的，基因、激素水平、大脑化学物质等生理因素都会改变人的情绪类型。当人长时间没有产生幸福感时，其大脑中的多巴胺水平就会降低，人就会出现抑郁情绪。第二种是心理因素，人们的思想、态度、价值观都会受到心理健康状况的影响，情绪也是如此。如患有强迫症的人经常因为无法控制自己的某些行为或行动而感到沮丧和焦虑等。

　　外部因素是除人自身以外的，由环境、他人、事、物等产生的，比如家庭、社会、文化、饮食习惯、自然环境、工作环境等。第一类是外界环境因素。个体的家庭成员间关系或者工作压力等外界环境都会影响个体的沟通情绪；某些文化背景也会对人的沟通情绪施加影响，例如，在某些社会文化中，人们更容易表现出愤怒或忧虑的情绪；气候、天气、地理等自然环境也潜移默化地影响着人的沟通情绪，例如，青山绿水使人感到轻松愉快、阴雨天气容易使人产生低落情绪、如果天气转晴，人的心情也就跟着好多了；工作环境当然会对人的沟通情绪产生影响，舒适宽敞的空间往往使人感到积极、乐观，而通勤途中拥挤的人群常使人感到紧张、烦躁。第二类是饮食因素，缺乏运动和不良饮食习惯可能导致个体身体不适，在身体上产生压力，从而影响情绪。同时，喜欢或者厌恶的食物对情绪也有一定的影响；甜品类往往能改善人们的情绪，使人的心情变得愉快。

人同时具备理性和感性两种情感体验，二者的作用让沟通的语言富有了生动性与艺术性。沟通的内容就是情绪与思维紧密结合的产物，沟通双方呈现的情绪，可以影响沟通的氛围；氛围也会以潜移默化的方式影响说话双方，甚至给双方的情绪带来波动，进而影响表达的思维内容。

在家庭生活中，夫妻双方常因为一些生活琐事而发生争吵，而双方如果只是因逞一时之快，得理不饶人，就有可能引发一场"灾难"。比如，丈夫与妻子在教育孩子的问题上产生分歧，想必是很多家庭或多或少都会存在的问题。

问题一：关于花钱。妻子认为，不能孩子提出想买什么，就满足孩子，不然会导致孩子对钱没有概念，养成浪费、不在乎的坏习惯。当去超市购物时，孩子看到玩具，便立刻向母亲说："妈妈，我要买这个。"母亲回答："不可以哦。你已经用掉了这个星期的玩具名额，要等到下个星期才可以买。"父亲却认为，没必要特意节制孩子花一些小钱，所以当孩子向父亲表示："我要喝汽水！""我要奥特曼！""我饿啦！"的时候，父亲想也不想就都满足了孩子的要求。事后妻子听到。对此很生气，丈夫却对妻子说："又不是买不起。"妻子便生气道："这不是买不买得起的问题，而是孩子需要懂得勤俭节约！"最后，双方在是否让孩子节制性消费这个问题上产生了分歧，引发争吵。

问题二：关于做家务。母亲认为，很多事情可以让孩子自己做，这样孩子才能学会独立，即便孩子做得不好，母亲仍耐心地对孩子进行各种鼓励。"宝贝，你弄乱了餐桌自己去拿抹布擦一下，你擦得最干净啦！"虽然可能孩子做家务的过程仍不尽如人意，事后还是要母亲重新打扫一遍，但母亲认为，这是迈出了培养孩子生活习惯的第一步。父亲却认为："让孩子做家务？净添乱，还不如自己来的强！"当父亲看着孩子把家里打扫得一团乱，生气地斥责孩子道："说了多少遍，抹布要先拧干水。这点事也做不好。怎么就是学不会呢？就不能有一天安生吗？"妻子也因此对丈夫抱怨，生气地回应道："要么你就自己闭嘴做完，要么就安排孩子做。既不安排孩子做，自己又不做，只会站在这里说空话，这样孩子是不会进步的。"丈夫回答道："懒得和你说。"两人怀着闷气，沉默不言。

其实，夫妻之间的吵架是完全可以避免的，只要双方谦让对方，各退一步，便能缓解紧张的氛围。在花钱和做家务的问题上，母亲希望多锻炼孩子，使孩子养成好的生活习惯，这是出自母亲的责任心，并没有错。丈夫认为孩子的要求既然并不过分，那么只要孩子需要，父母就应该满足孩子，这是出于父亲对孩子的疼爱。况且孩子的年龄太小，正是爱捣乱的年纪，他只要听话、不惹麻烦就很好了，这是符合常理的。

一开始，母亲根据自己的要求来教育孩子，规范孩子的行为举止；父亲则是疼爱孩子，释放孩子的天性，觉得孩子快乐就好。既然双方的出发点都是好的，为什么沟通后夫妻的情绪都变得更加激动了呢？那是因为双方只站在自己的角度，而忽略了对方的感受，没有为对方考虑。

如果丈夫能够站在妻子的角度考虑，用温和的语气向妻子说明为什么自己想给孩子花钱，而不是直接说出"又不是买不起"，那么妻子的情绪也不会过分激动。因为"又不是买不起"隐含的是"有没有钱买"的问题，但是妻子在意的是若家长过分满足孩子的需求，孩子会养成乱花钱的习惯。所以，丈夫并没有根据妻子这一举动做出针对性回答。同时，丈夫的表述给人的感觉就是，很随意、漫不经心，并没有认真与妻子沟通的意思，丈夫的话让妻子得出的结论就是"敷衍"。当妻子听到这样的话，产生了负面情绪，也就会在心中思考，丈夫这样的表述是在完全否定自己的教育方式，说明他是不肯在教育孩子上花工夫的，所以，妻子的情绪也变得更糟糕。沟通的氛围一旦陷入紧张状态，两人的对话就充斥着针锋相对的气息，导致双方都不肯让步。

丈夫看到孩子将家务弄得一团糟的时候，立刻把自己的情绪毫无保留地发泄给了妻子和孩子。结果，在沟通过程中，妻子也被丈夫的情绪影响，才会抱怨丈夫帮不上忙。面对丈夫的不满，妻子没有发现只要转化沟通的策略，改变说话的方式，就能拯救即将陷入失控境地的沟通。其实，夫妻双方可以各退一步，妻子需要用温和的语气解释自己这样教育孩子的原因，丈夫则需要站在妻子的角度，为妻子的良苦用心考虑。二人在沟通中都以真诚、和善的态度面对彼此，适当留意对方的情绪变化，在面对意见分歧时，能够耐心沟通对孩子的教育方法，那么就能既达到教育孩子的目的，又能保持和睦的夫妻关系。

逻辑思维是为了让人们客观看待世界，引导人们做出理想选择，规避风险而产生的一种思维方法。而敏锐的情绪却与逻辑的要求截然相反，人一旦被触碰到心中的安全底线，情绪就会不受控制地上涌，争吵一触即发。因为情绪的缘故，有时我们会短暂失去思考的理智，让话语不经思考就脱口而出，只为让自己心里舒服，却没有想到沟通的目的是什么，伤害了他人的感受。别人也会因为我们冲动的情绪，而误解了我们真实想要表达的想法。因此，我们在展开沟通前，一定要学会控制情绪，换位思考。一旦发现双方情绪波动较大，就要立刻主动去缓和对方情绪，也要有意识地使自己保持理性的思考，不能让双方都陷入冲动的禁区。对此，我们可以根据个人需要，在特定的情况下构建语言环境，缓解双方的冲动情绪。

沟通前，我们应先静下心来认真思考，与对方沟通的目的是为了达到什么样的效果，确定论证的论点。再根据对对方具体情况的了解，掌握对方的性格特点，预设对方可能在沟通中会产生什么样的情绪反应。最后，面对这些情绪反应，要保持理性的态度去处理沟通中存在的问题，做到不受他人情绪的干扰。

沟通既需要我们适时表达个人情绪，也需要我们合理控制情绪，避免情绪失控，而含蓄委婉的表达方式，能帮助人们保持冷静沉着，客观观察沟通的局势发展。语气和善，态度真诚，耐心倾听，是保证沟通顺利进行的有效途径。

四、愉悦的心情：共同进餐

美食治愈心情，心情创造氛围。

进餐场合这一社交环境也可以成为沟通过程中一种重要的语言环境。美味的食物刺激着人们的味蕾，快乐也随之而来。因此，餐桌成为了人们增进感情的重要媒介。通过这一媒介，人们分享美食，把酒畅聊，彼此之间的感情也在热烈的情绪中升华，酝酿出不一样的氛围。走出平时不知如何开口、极力寻找话题的窘境，衍生出无数想与他人分享的话题。更重要的是，能够借助与美食相关联的事物，隐喻地表达出沟通目的，建立一个舒适放松的论证沟通语境。

例如，母亲喜欢和儿子晚餐时交流，一是晚餐时间相对比较充裕，二是晚餐时一般就母亲与儿子两人，聊的时候没别人打扰，比较畅快。

晚饭时交流的东西一般不涉及孩子学校学习的内容，因为孩子在学校一天，谈论的都是学习，好不容易上完一天课，放学回来了，到餐桌上还谈学习，估计孩子会提不起兴趣。所以母亲与儿子在餐桌上谈论的一般都是吃的内容，今天吃什么就谈论什么，由此再延伸开来，有时会没有主题，无边无际。

不在乎晚上吃什么，只要饭菜端上桌，母亲和儿子一坐到桌前，就开始边吃边聊。儿子吃饭比较挑食，喜肉不喜素，尤其讨厌绿叶菜。一看见桌上的炒青菜，他总是先皱眉头，总不想夹起来尝尝味道。母亲就会问他："儿子，你最喜欢吃什么菜？"

"肉，瘦肉。"儿子不假思索地说，而且不忘强调是瘦肉。确实如此，如果一块肉上稍有一点肥肉，他也会把瘦肉咬下来，把肥肉扔掉。

"你知道瘦肉里都含有什么成分吗？"母亲问他。

"嗯——这个嘛，维生素吧。"儿子说得一点儿也不肯定。这说明他不懂，他只知道肉好吃，不知道吃肉会让身体怎么样。

"你说得不准确，要不我给说说？"

"嗯，嗯。"儿子一边答应着，一边不忘夹块肉往嘴里放。

"瘦肉里富含蛋白质、脂肪，维生素含量极少，甚至有些肉里压根儿不含维生素。"母亲一边慢条斯理地说着，一边观察儿子的表情。

"妈妈，蛋白质是干什么的啊？"儿子停下手中的筷子，很认真地问。

"蛋白质是人体主要的供能物质啊。你看你在学校学习一天，回来就喊累死了，饿死了。当你吃了饭后就不再喊着饿了，好像身体一下有劲儿了许多，是不是？"母亲问他。

"嗯，嗯，妈妈说得对。"儿子调皮地打着饱嗝，拍着胸脯说自己已经有能量了。

"除了蛋白质，还有糖和脂肪可以给身体供能。当你上体育课时，老师要你们跑 100 米，当时你又没东西吃，怎么也能跑那么快？"母亲又问他。

"因为我用力了啊。我拼了全身的力气，跑得很快呢。我在我们班跑 100 米前五名呢。"儿子很自豪地炫耀着自己的成绩，其实他没明白母亲问这句话的用意。

"在你拼全力跑时，你身体里的脂肪开始起作用了。它们会分解变成糖原，给你的身体源源不断地供应能量呢。"母亲努力地把谈话拉回正题。

"哦，原来是脂肪发挥作用了啊。"儿子好像明白了似的。他又忙不迭地夹了几块肉放到嘴里，大肆嚼着含混不清地说，"我要多吃些肉，多长些脂肪，为我以后的运动供应能量。"

母亲看着儿子狼吞虎咽的样子，有点儿忍俊不禁。

"人体只依靠三大营养物质还不够，还需要各种维生素啊。你知道人体需要的维生素都有哪些吗？"母亲又试探性地问儿子。

"这个我知道，维生素 A，维生素 B，维生素 C、维生素 D，维生素 E。"儿子一口气说出了这么多。

母亲赞许地点点头，及时给儿子竖起大拇指："儿子说得非常对，确实我们人体需要这些维生素。其中的维生素 B 可是一个大家族，又细分了十二种之多，它们都各有作用。"

儿子嘴张成大大地"O"形，眼睛也瞪得大大的。他对维生素只是一知半解。

"不同的食物里含有的维生素的种类不同，含量也不同。比如，胡萝卜里富含维生素 A，多吃胡萝卜对眼睛好。西红柿富含维生素 C，牙龈出血要多吃维生素 C。维生素 B_1 缺乏会得脚气病，维生素 B_{12} 缺乏会引起贫血。"母亲如数家珍般给儿子闲聊。儿子瞪着大眼睛听着，似有羡慕，似有崇拜。

"妈妈，你懂得真多。"儿子的一句表扬着实让母亲高兴了好一阵子，此刻母亲明白了被表扬原来这么幸福。

"妈妈，我知道猕猴桃里富含维生素C，被称为水果之王。"儿子也要炫耀自己的知识了。

"对，除了猕猴桃，还有苹果、山楂、橘子等也富含维生素C。"母亲补充道。

"就目前而言，这盘绿叶菜里富含各种维生素，而且是你身体必需的维生素。所以，我建议你把青菜吃了。"母亲边说边夹起一筷子青菜放到自己碗里给儿子做示范。

儿子也连忙夹起一筷子青菜放到自己碗里，先是夹一根放到嘴里嚼了嚼，然后把一筷子全放到嘴里，嚼了嚼咽了。

"妈妈，经你这么一说，我感觉青菜没那么难吃了，反而我感觉要比想象中的好吃一些呢。"儿子发表吃后感言。

"是啊，青菜不仅能补充你身体必需的维生素，还能增加你的胃肠蠕动，促进排便呢。"母亲还要给儿子普及生活常识。说到这儿，儿子做呕吐状，连连摆手。

"妈妈，我们正在吃饭，不要说那些恶心的事儿好不好。"

每次吃饭的时候，无论做了什么菜，母亲都会和儿子讨论这些饭菜的成分及其作用。每次讨论过后，儿子都会对这个菜有了新的认识，并把每个菜都品尝一遍，久而久之，儿子吃饭不再挑食，而且每次的进餐都很愉快。

在餐桌上，母子俩讨论过胃肠的蠕动、胃液的成分、胃肠痉挛是由什么引起的等，讨论没有定式，想到哪儿谈到哪儿，懂的就聊，不懂的就饭后一同查资料。有时候，母子俩也会把生活中的一些常识以故事的形式讲出来加深印象，这种形式的谈话会比读书上的一些文字要有趣得多。

母亲发现孩子吃饭不吃青菜，并没有立刻呵斥孩子，而是巧妙地利用餐桌的场合优势，借助餐桌上孩子喜欢吃肉的话题，引申到应该多吃青菜的论点上，母亲通过儿子喜欢吃肉作为论据，解释了人们吃肉是因为肉中富含蛋白质，能为身体提供能量，没有一口否定孩子喜爱的食物，加强了孩子的自信心和对母亲的信任感。因此，孩子一听到了自己喜欢吃的肉居然对身体那么有益，注意力自然就被母亲的话题吸引了。母亲接着利用间接论证推理方法，以"肉中含有蛋白质，多吃肉能为身体提供能量，使跑步变快，孩子想要跑得快，所以，孩子要多吃肉；蔬菜中含有多种维生素，多吃蔬菜能为身体补充多种营养，预防疾病；孩子想要身体健康，所以，孩子要多吃蔬菜水果"的论述，证明了多吃蔬菜的重要性，让孩子明白，吃蔬菜是非常有益的。另外，母亲的谈话还为孩子普及了丰富的生活常识，加深了亲子互动，建立了良好的亲子关系。母亲的提问看似是一些家常话题，却能巧妙地引出论据，既刺激了孩子的好奇心和求知欲，又引导孩子认同自己的观点，亲子以愉悦的心情在餐桌上沟通，这是一种值得所有父母借鉴的沟通方法。

五、良好的氛围：通力合作，互惠互利

建立良好的氛围，营造适宜交流的语言环境，是开展有效沟通的前提。沟通不是自顾自说，更不是只输出个人观点，而忽略、否定他人观点。沟通是双方通过尽可能进行思想的碰撞，由此来实现双方的利益，这需要沟通者能站在他人的立场上为对方考虑，而不是只顾自己。权衡个人利益与他人利益，找到一个自己满意、别人也认可的沟通的平衡点，这样一来，双方就会在原有的利益上达成妥协。当然，这种妥协绝不是使其中一方的利益受损、让其中一方吃亏。

一家科技公司为了测试应聘者的创新思维和问题解决能力，提出了一个挑战：在一周内设计一款针对老年人的智能设备，并制定相应的市场推广策略。这项任务不仅考验了应聘者的产品开发能力，还考验了他们与潜在合作伙伴沟通和协作的能力。小李、小张、小周这三位应聘者接受了这个挑战。

小李首先进行了市场调研，发现老年人普遍对复杂的技术产品感到困惑，且对健康监测类产品有很高的需求。于是，他设计了一款简化操作的智能健康监测手表，这款手表只有几个大按钮，操作简单，易于理解，专注于健康监测和紧急求助功能。为了推广这款产品，小李的市场策略是与社区中心合作，经过与社区中心主任的沟通协商，他主持开展了以老年人养生·运动·健康为主题的讲座，并介绍本产品，广泛提供试用机会，成功吸引了老年人用户的注意。

　　小张则注意到老年人的儿女往往工作繁忙，生活节奏快，没有太多时间陪伴在他们身边，老年人对孤独感的担忧与日俱增。因此小张设计了一款带有社交功能的智能音箱。这款音箱不仅可以播放音乐和新闻，还能让老年人与远方的家人进行视频通话。小张的市场策略是创建一个用户社区，让老年人在这里互相分享使用体验，并在老年人常去的公园和活动中心举办体验活动，通过口碑推广。

　　小周采取了更为全面的方法，他设计了一套智能家居系统，包括智能灯光、温度控制和安全监控，旨在提高老年人的生活质量和安全性。尤其是安全监控功能，能够实时监测老年人的居家安全，一旦老年人发生摔倒、晕厥等突发状况，该产品能够及时发出警报，反馈给绑定该智能家居系统的儿女。小周的市场策略是与各大养老服务机构合作，将智能家居系统定位为提升老年人独立生活能力的重要工具，同时尽可能地降低成本，例如，申请政府补贴或社区支持等，吸引了老年人及其家庭的兴趣。

　　三位应聘者都展示了他们对目标用户群体需求的理解和创新的解决方案。通过采取不同的渠道与老年人进行沟通交流，了解并立足于他们的实际需求，从不同的角度入手，这些不同的市场推广策略，展现了应聘者与不同合作伙伴间建立互利关系的沟通能力。

　　小李的策略是基于对老年人操作简便性需求的理解，他的产品设计和市场推广都围绕这一核心需求展开。他经过与社区中心工作人员的交流沟通，获得了社区的支持。老年人本身就对健康养生问题很关注，因此举办的专题讲座很成功，老年人们纷纷参与试用这款手表，反响极好。这种合作方式不仅为社区中心增加了活动内容，也为小李的产品打开了市场入口。

小张的策略是基于老年人对社交和情感联系的需求，他的智能音箱和市场策略旨在建立一个支持老年人社交的生态系统。既然这款产品专门为老年人社交服务，那么小张选择在老年人聚集的公园、老活动中心等地方推广无疑是与他们的需求相契合的，这里本身就是社交的场所，让这一批人首先参与产品体验，口口相传，将产品推荐给身边的老年人朋友，也是极为明智的。小张的策略不仅为老年人提供了社交互动的平台，也通过社区的力量促进了产品的市场接受度。

小周不仅关注了老年人对于居家安全的即时需求，还考虑了如何提升老年人的生活质量，他通过与各大养老服务机构交流合作，为养老服务机构提供了新的服务内容，也为智能家居系统开辟了新的市场空间。

小李、小张、小周通过不同形式、渠道与老年人群体进行直接地沟通交流以了解他们的真实需求，加上与社区中心、养老服务机构等不同的合作伙伴进行沟通交流以建立起友好的合作关系，共同造就了沟通双方的共赢。小李、小张、小周三人根据不同的老年人群体对智能设备的真实需求，为各自的产品找到了合适的市场定位；不同的老年人群体也能为自己对于智能设备的要求发声，得到了符合自己需求和预期的、量身定做的智能设备。

六、不着痕迹地转移话题

当问道："你认为你是一个善于表达的人吗？"大部分人都会摇头，并肯定地说："不！我不擅长。"而问起原因时，人们多半会陷入沉默。其实，人们对此心中大概都有答案：要么是由于表达词汇量不够丰富，要么是由于无法理解别人表达的意思，要么是别人无法理解自己表达的意思。

追溯原因，人与人交流离不开逻辑思维。从逻辑思维的基本规律看，逻辑思维能使思维的对象前后一致，自圆其说，前后内容不自相矛盾，思维也因被规范而变得明确清晰，不模棱两可。由于沟通过程中会运用大量的语言，我们常常因为个别语词的歧义性、话语的模糊性特点，而导致意义混淆或无法对信息做出正确的判断，这也会让沟通的话题逐渐偏离轨道。

当我们在同一时间、同一环境中，与同一对象沟通时，沟通的内容是确定的，但说话者思维方式的不同，会让话题悄悄发生转移，最后大家可能就忘记了最初想要通过沟通解决的问题。为了维护思维的确定性，沟通双方必须正确认识谈话内容涉及的概念，判断对方说话的内容，建立严密的逻辑思维，熟练应用同一律，使自己的观点更具说服力，同时也能尽量避免被对方的错误观点所迷惑。

同一律是关于思维准确性的规律，指的是人们在进行思维的时候，要确保所运用的每一个概念和判断在同一个思维过程中保持相同的含义，说话者不能随便改变它的意义。如果沟通双方在同一个思维过程中，随意改变一个概念或判断的原有含义，那么就会导致理解错误，也就不能得出正确的结论。

例如，小明上班迟到，恰好被老板撞见了。老板："小明，你今天怎么这么晚才来？不看看这都几点了！"小明："老板，小王来得更晚，他现在还在路上呢！"

老板问小明，是因为小明上班迟到，目的也是希望小明解释上班迟到的原因，提示小明以后注意上班时间不要迟到。但是小明对老板的提问却没有做出正面的回答，而是将话题引到了小王身上，借用小王迟到更晚来转移老板的注意力，这是偷换论题的逻辑谬误。转移论题（也称转移话题或偷换论题），指的是在讨论或辩论中没有针对对方的问题来回答，而是转移到其他话题上。转移论题的产生可能是无意的，也可能是接话者不想回答而有意为之。日常生活中常出现的答非所问、跑题等行为就属于转移论题。所以，如果老板没有发现小明在转移话题，逃避上班迟到的事实，那么接下来老板很有可能将注意力都放在小王到公司后如何严厉地批评他的问题上。但若老板在准备批评惩罚小王时，也没有忘记小明上班迟到的事实，就会连同小明一起惩罚，小明转移话题以逃避惩罚的做法也就无效了。

辩论中有一个"红鲱鱼谬误"，也称为转移话题谬误。这种策略是指，通过巧妙地引入一个不相干的话题，将对方的注意力和讨论焦点引向另一个论题，以此来在辩论中占据优势。鲱鱼本身并非红色，但在经过腌制和熏制后会呈现出深红色，并散发出浓烈的气味。历史上，人们将其放置在狐狸可能出没的地区，来测试猎犬的追踪技能。后来，"红鲱鱼"就被人们用来比喻那些为了混淆视听、迷惑对方而故意设置的错误线索或虚假信息，最终成为转移话题的谬误手法的指代。

在逻辑上，红鲱鱼是一种转移焦点的谬误，也是蓄意的"文不对题"。例如，以一个错误的前提来支持结论，或是将两个没有关系的前提与假设结合在一起。因此，人们熟练地运用红鲱鱼谬误能达到意想不到的效果。比如，推理小说作家在创作上，通常把红鲱鱼谬误设计成误导读者思路的诱饵，让读者在阅读前面的情节时，误以为某人为凶手或某事件为破案关键。在人际关系上，红鲱鱼也通常指一种手段。例如，在激烈的辩论赛中，参赛者为了回避自己的逻辑弱点而采取对对方进行人身攻击的策略。

有时，人们也会把红鲱鱼谬误配合"乐队花车"谬误一起使用，在转移话题的同时增强自己论点的说服力。其中，"乐队花车"是一种逻辑谬误，也是一种社会心理状态和宣传的技巧，由乐队花车效应衍生而来，声称因为很多人都在做或相信某件事，所以它是正确的或应该被接受的。又常被称为"诉诸大众的谬误"或"从众谬误"，也就是将许多人或所有人所相信的事情视为真实，"大家都这么说，那就一定不会错！"

在一个社区会议上，居民们正在讨论是否应该允许在社区中心附近建立一个新的快餐连锁店。一些居民担心这会吸引过多的顾客，造成交通拥堵和垃圾激增，而另一些居民则认为连锁店能为社区带来经济利益。为此，他们展开了讨论。

居民 A（反对者）："快餐连锁店只会带来更多的垃圾和交通拥堵，我们社区的宁静会被破坏。"

居民 B（支持者）："但是连锁店能提供就餐方便，创造就业机会，增加税收，这对社区是有益的。"

讨论开始变得激烈，双方都坚持自己的观点。

居民 C（中立者）："我理解大家的担忧，不过，让我们考虑一下，这个连锁店是国际知名的品牌，它的入驻可能会提升我们社区的知名度。"

居民 C 在这里引入了一个红鲱鱼谬误，通过提及连锁店的国际知名度，转移了讨论焦点，从直接影响转向了潜在的声望提升。

居民 A："那又怎样？我不希望通过牺牲生活质量来换取知名度。"

居民 B："这个品牌的连锁店在全球范围内都非常受欢迎，引入它就有了地标，很多人会因为这家店而了解我们的社区。"

居民 B 接着使用了乐队花车谬误，暗示因为连锁店在全球范围内的普及和受欢迎，社区也应该接受它，从而施加了一种社会压力。

在此次沟通过程中，居民 C 和居民 B 通过结合使用红鲱鱼谬误和乐队花车谬误，试图从不同角度说服其他居民接受快餐连锁店的入驻。这种策略在沟通中可能会被视为一种缓和争论的手段，但也可能导致基于不完整信息的决策。因此，虽然这些谬误在某些情况下可以被策略性地使用，但在追求理性和透明的沟通时，应被谨慎对待。

但从另一方面看，转移论题也并非是不可取的行为。在沟通中，转移话题是常见的一种沟通方式。通常转移话题有两种情况，一种是随意转移，让话题自然游移；另一种是有意转移，主动转移话题。通常需要主动转移话题的情况有：谈话出现冷场；谈话内容枯竭；失言或出现意外的尴尬局面；双方产生不同意见，但不想进行无休止的争论；交谈的一方因某些原因对话题不感兴趣；话题毫无积极意义；话题内容需要有所避讳。

请看下面的案例。丽丽是个内向的姑娘，她结交的朋友有限。整个大学期间，她只有一个无话不谈的好友。毕业之后，内向的她面临着难找工作的尴尬。她母亲说："你想要顺利找到工作，必须要先把自己推销出去才行，哪怕与别人闲扯几句呢！"丽丽非常头疼，因为她与别人在一起时根本不知道说什么。

一天，丽丽一人在家，邻居小李来敲门，说："不好意思，我家狗的飞盘好像被甩到你家院子里来了。我能进来找一下吗？"

丽丽点头说："好的。"

　　很快，小李在院子里找起飞盘来。小李是个爱说话的人，一边找飞盘，一边说个不停："这个狗可真是烦人，太好动了，而且，不管你喜不喜欢，它都会围着你跑个不停，完全就是人来疯……"

　　小李说了好半天，回头看丽丽时，发现她始终只是微笑，完全没有话可说。小李认为可能丽丽不喜欢这个话题，就改口问道："你在干什么呢？这么好的天气，为什么不出门玩？"

　　"没事。"丽丽礼貌地回答了两个字，便再也没有下文。

　　小李此刻虽有挫败感，但不死心冷场，又说："哦，你知道吗？隔壁大街发生了一起连环交通事故，场面真的太惨了。"

　　"真的吗？到底是怎么回事？"这下，丽丽来了兴致。原来，丽丽最要好的同学就住在隔壁大街，她听到此消息，很为朋友担心。

　　于是，小李与丽丽聊起了事故原委以及涉及的民众，又从这件事聊到了交通、个人职业道德、人员失职等话题。直到丽丽母亲从外面回来，两个人还在说个不停。

　　丽丽母亲感激地说："天哪，小李，我太感谢你了！因为你，我家丽丽也会聊天了。"

小李听完却笑了，说："这应该不困难吧？我们正好聊她关心的话题而已。"

小李的话显然是一个能说会道者的经验之谈，这是与许多人交流后总结出的心得。人与人之间的交流也好，沟通也罢，只要能打开话题，那么剩下的便全都是水到渠成的事了。而打不开话题也完全不用着急，不过是信手拈来地换一个话题就好了。人与人之间可谈的事那么多，相信总有一件是两个人共同感兴趣的。

我们总误认为，有天生会说话、善于聊天的人，也有不爱说话、总找不到可聊内容的人。但事实上，"不爱说话"这种事根本就不会构成人与人之间交流的障碍。因为沟通就是一个话题不行，再换一个话题的交流，只要我们能够在发散性思考时，抓住事物之间的逻辑联系，在适当的时机随时改变话题，总能找到一个适于双方交流的话题。

七、适时地倾听、插话、停顿与沉默

（一）倾听

"自然赋予我们人类一张嘴，两只耳朵，也就是让我们多听少说。"——苏格拉底

人际关系离不开沟通，如果你想自如地与人沟通，首先必须学会做一个合格的听众。倾听能力，是社交互动中重要的"尊重"的表现。

体现认真倾听对沟通的重要性的例子有很多：钟子期认真倾听俞伯牙的琴音，收获了难得的知音；卡耐基善于倾听，博取了知名植物学家的好感，多了一个知心朋友；孔子倾听颜回的解释，化解了误会；唐太宗倾听魏征的见解，成就贞观之治。

一位六岁的小女孩一直独自睡觉，但最近她开始害怕，声称有"鬼"的存在，希望能和父母同睡。尽管父母试图安慰她，告诉她世界上没有鬼，鼓励她要勇敢，但小女孩的恐惧并未减轻。

一天，父亲出差归来，发现女儿依然害怕独自睡觉。他决定深入了解女儿的恐惧来源，便询问女儿鬼的具体样子。女儿描述说，鬼是黑色的，经常出现在她放学的路上，每当她回头想要看清楚时，鬼就消失了。父亲意识到情况可能比想象中严重，于是决定请假，暗中跟随女儿放学。果不其然，他发现了一个戴着帽子的中年男子在跟踪女儿。父亲迅速采取行动，报警并制服了该男子。警方调查后确认，这名男子是一名全国通缉的人贩子。

女儿反复要求和父母睡，在平常人看来，这只是孩子对父母的撒娇，没有任何奇怪的。一般情况下，孩子不断提出要和父母睡，父母多半会拒绝孩子的请求，然后不会在意为什么一直独睡的孩子会提出这样的要求，甚至可能忽略孩子的感受。故事中，父亲在孩子不断提出请求的情况下，耐心地问孩子想和爸爸妈妈睡的原因。孩子天真地表述说怕鬼，很难让父母联想到"鬼"其实是人贩子。所以，如果父亲不能认真倾听女儿的话，就不会发现女儿怕鬼的真实原因，也无法得知女儿被人贩子跟踪。孩子的恐惧有时可能基于真实的威胁。父母在面对孩子的恐惧时，应该认真倾听并采取行动，以确保孩子的安全。父亲的警觉和行动不仅保护了女儿，也解除了一个潜在的危险，维护了社会的安全。

因此，关键时刻，倾听可以改变他人的命运。倾听他人说话，并不是让我们处于沟通的劣势地位。倾听虽然无法让我们更多地表达想法，但可以从对方的话语中获得大量信息，这些信息增加了我们分析判断的信息范围，有助于在头脑中灵活运用各种逻辑方法，分析已知判断，根据信息之间的逻辑关联，推理出新判断，进一步帮助我们高效沟通。要想准确掌握信息，我们就必须利用概念、判断、推理以及思维规律等逻辑方法，理解表达内容，做出判断，遵守思维规律，规避逻辑谬论、驳斥诡辩。

比如，在一次飞行中，一位心理学家进行了一个思想实验。他提出了一个假设性的情景：如果飞行员宣布飞机燃料耗尽，而机上只剩下一个降落伞，乘客们会如何反应？

这个问题引起了乘客们的沉思。这时，一个小男孩大声宣布，他会第一个背上降落伞跳下飞机。周围的乘客们听到这个回答，不禁笑了起来，以为小男孩是出于自私，只想到自己逃生才这么说的。

面对众人的嘲笑，小男孩感到难过，泪水在眼眶中打转。心理学家注意到了小男孩的情绪，他温和地询问小男孩为何要独自逃生，不顾其他人。

小男孩抽泣着解释说，他之所以要第一个跳伞，是因为他打算去地面上找汽油，然后带着汽油回来救大家。心理学家和乘客们听到这个解释，意识到他们误解了小男孩的初衷。小男孩的行为虽然看似自私，但实际上是出于勇气和对他人的关心。

心理学家若像其他人一样，没有耐心倾听小男孩的后半段话，很有可能错过小男孩的真实想法。虽然小男孩的想法天真、不切实际，但如果耐心倾听，了解他的动机和意图，对他的判断就完全不同了。其他人并没有认真思考小男孩话是否说完，这也体现出对说话者的不尊重，这在沟通过程中是很没有礼貌的，这也印证了村上春树所说的话："越是不思考的人，越不愿倾听别人讲话。"

（二）插话

插话是沟通时转移论题的一种普遍方法。在沟通中，适当地插话需要选择时机。当我们认为说话者絮絮叨叨说不到重点时，我们有时很难去引导他、纠正他，因为我们知道这样随意打断别人的谈话是一种不礼貌的行为，但是我们又不能眼睁睁地看着话题被越扯越远，该怎么办呢？这时我们便可以利用一些说话的小技巧，结合周围的事物，找一个合适的机会打断对方。说话者在絮絮叨叨表述时，往往沉浸在自己的世界，只按照自己的意图或想法陈述，忘记了沟通需要互动。此时，我们便可以说"不好意思，我去趟洗手间""对不起，我先喝口水""不好意思，我接个电话"，等等，然后趁机转移话题说："我们刚才讨论的重点是……"这样一来，说话者的思路便可以回到正题上来。插话可以是为了让话题回到原本的位置，不让话题越来越远，也可以是为了转移话题，使话题转向沟通原本的方向，结束无意义的沟通。

例如，张女士周末到百货商场逛街，在经过一家化妆品专柜时，她好奇地停下来，望了望柜台上陈列的产品。销售员一看有客人，立马热情地迎上去介绍道："女士，这款是我们品牌新上市的产品，这个粉底液的精华成分是从深海植物中提取的，植物来源于……它上脸肤感较好，妆面呈丝绒奶油状，还能将你的毛孔和瑕疵都隐藏……"

销售员滔滔不绝地说着，并没有要停的意思。张女士其实并没有买的意思，但是看销售员十分热情，也不好直接打断离开，只能无奈地站在原地听着。销售员连忙继续补充道："你看，这款产品上脸既服帖又自然，完全不会卡粉。我脸上用的就是这款呢。"张女士这时笑道："哎哟，那是因为你皮肤好，我这皮肤可没有你的细腻，所以，肯定不可能有你这样的效果。这样吧，我先加你一个微信，如果我有需要，肯定找你买。"

销售员为了将产品销售出去，花了长时间详细介绍产品，但却没有考虑张女士是否真的想要购买化妆品。如果销售人员的解说时间过长，只会让顾客感到厌烦和不自在。张女士在难以打断对方话语的情况下，抓住上妆效果的话题做出回应，首先，巧妙地打断了销售员的话，让销售员结束口若悬河的解说；其次，也不会让对方感到不适，因为张女士是采用赞美的方式回应的；最后，她因此掌握了说话的主动权，拒绝了销售员的推销，也缓解了不想购买却一直花时间倾听的尴尬。对话从"介绍产品功能及背景"话题到"我这皮肤没有你的细腻"话题，再到最后"有需要肯定找你买"，话题方向于不知不觉中改变了，这就是一种故意为之地利用转移话题而掌握话题主动权的方式。

（三）停顿

善于沟通者就像一个音乐家，如果音乐声一直延续，没有间断，音乐也就失去了节奏感。沟通就好比音乐，说话者适时地停顿一下，就会达到很出彩的沟通效果。适当的停顿能使沟通的人显得更优雅、健谈。

首先，停顿可以用于应对说话双方因沟通内容过长，需要调整气息，但是之后还要继续讲话的情况。如果对方刚好想要打断对话，说话者此时能恰好有一个短暂的停顿，这就避免了被插话的风险和尴尬。其次，停顿可以让对方逐字逐句，清晰地听清楚说话者说出的话，而不是没有经过思考就紧接着提出自己的意见。最后，停顿使说话双方能更好地聆听对方讲话。说话者的话可以更深入地渗透进听话者的头脑中，双方才能更清晰地理解对方的真正意图，并做出回应。

例如，教师在上课时都会适时使用停顿。学生刚开始上课时，注意力是集中的，但时间一长，思想就容易分散，会东看看西看看，或者被其他无关的事物吸引，甚至与旁边的同桌交头接耳。为了让学生重新集中注意力，教师就会停止说话，停顿一会儿。学生听不到教师的声音，第一反应便是"怎么不说了"，是不是谁在课堂上表现不好，老师在特意提醒他。这样，学生的注意力就会立刻聚焦到老师身上，当教师再开始继续说话，他们也就继续认真听讲了。

停顿的效果在于，不用向对方道出想法，只用停顿一定的时间，那么对方就会产生"为什么不说话了"的疑问。接下来，根据教师突然做出停顿这一反常的现象，学生就会在内心思考教师突然停顿的原因。从逻辑学角度看，这是一个追溯原因的过程，原因可能是由于：教师在思考接下来要说什么；教师可能接下来要干什么，例如，可能在写板书；教师发现有同学没有遵守上课纪律，没有履行作为学生要认真听课的义务，例如，课堂中有学生在说话并且声音很大、有学生在昏昏欲睡、有学生被其他事吸引了注意力等学生没有认真听讲的情况。而教师做出停顿的行为，就是提醒学生要注意认真听课，让学生意识到自己在做与课堂无关的事情，并及时加以纠正。

（四）沉默

沉默可以调节沟通双方的说话和听讲的节奏。没有沉默，许多交流甚至无法正常进行。沉默也称作"古德曼定律"或沉默定律。

在谈生意时，沉默会影响对方的沟通思路。沟通双方都会将对话内容作为分析接下来该说什么的依据。而过分急于开口说话的人在不了解对方的前提下透露过多信息，就会让自己置身劣势地位，因为透露过多的信息会向对方暴露自己的目的。倘若一方在沟通中适时沉默，对方也因信息内容过少而觉得捉摸不透，对接下来的表述将会深思熟虑。沉默是一个博弈的过程，双方各自以自己的利益为出发点，提出问题后，根据对方对问题做出的回应，来分析对方的意图以及接下来应该做出何种回答。

比如，某工厂一批设备的最低心理价位为20万元，一家公司想要购买这批设备。在谈价过程中，该公司代表认为这批设备存在缺陷，于是滔滔不绝地说了很久，说设备也不是市面上的最新型号，有些功能也不全面，根本值不了多少钱。工厂方面负责人一言不发，耐心地听着对方的抱怨。最后，当该公司代表再也找不到设备的其他缺点时，突然蹦出一句："对于这批设备，我们公司的报价最高为 40 万元，价格超了的话，那就不可能订购了。"工厂方面负责人由此摸清了对方公司的预算上限，正好符合工厂的报价要求，于是，该工厂当即与购买公司签订成交协议。工厂方面负责人也顺利完成了业绩，受到领导的奖励。

沉默是一种力量，是一种态度，是一种智慧。沉默不是一语不发的怯懦，而是鼓励他人畅谈的谦虚；沉默不是大脑空空的愚蠢，而是为自己积蓄力量的隐忍；沉默不是理屈词穷的失败，而是不屑一顾的威严；沉默不是任由人摆布的屈从，而是待时而动的冷静。公司不停地找设备的毛病，就是希望能以最低的价格购买设备，如果此刻负责人表现出惊慌并急于解释，那么就正中对方下怀了。负责人的一言不发，让公司意识到这批设备肯定是值 40 万元的，而且不缺购买的人，不然他不会如此冷静沉着。正是负责人的沉默，让该公司在谈价过程中无法摸清负责人的底线。

八、三思而后"说"

沟通要过脑，什么话该说，什么话不该说，这都是由说话者把控的。如果说话者向他人说了不应该说的话，那么对方也就不愿意继续聊下去，沟通也就此中断。好听的话大家都爱听，不好听的话大家都避之不及，但沟通时，一定要注意考虑周到，认真思考，让说话的内容，因人、因时、因环境、因内容而定。

俗话说："人上一百，形形色色。"与性格大大咧咧、不拘小节的人开玩笑，可能调节相处的气氛，但如果和女同学、女同事开玩笑，就要适可而止。开玩笑的时候也要看清时机，判断对方是在高兴的时候还是因小事而正在生气。当然，通过巧妙地开玩笑，也能把对方的情绪扭转过来。另外，开玩笑也要看场合、环境。比如在图书馆、医院等要求保持肃静的场合，就不要开玩笑。开玩笑也要注意内容，在社交活动中不要开低俗的玩笑，千万不要拿别人的短处开玩笑。所以，沟通一定要把握好说话的度。

李华是一家科技公司的公关经理，负责公司的社交媒体账号。在5G技术的推动下，公司的在线影响力和公众沟通变得越来越重要。某次，公司遭遇了一场突如其来的公关危机，网上开始流传一些关于公司产品的不实信息，且迅速登上热搜。李华意识到，他需要迅速而谨慎地回应这一情况。

李华（思考后）："在这个时候，我们需要确保我们的回应是准确和专业的。我们不能仅仅为了快速回应而牺牲了信息的准确性。"

他首先核实信息。与技术团队合作，核实关于产品的所有指控，并准备一份详细的回应声明。其次，进行内部沟通。与公司高层进行沟通，确保他们对即将发布的信息有共识。最后，制定策略。决定在官方社交媒体账号上发布声明的时间，以及如何与公众互动。

　　李华（发布声明）："我们注意到了关于我们产品的讨论，我们非常重视用户的反馈和产品质量。我们在此声明，所有指控都是不实的。我们已经进行了彻底的内部调查，并附上了我们的调查结果。"

　　李华对此次公关危机的处理无疑是成功的。一是他选择谨慎发言，没有急于在社交媒体上发表未经验证的回应，而是选择了谨慎的态度。二是能够核实事实。在发言之前，他确保了所有信息都是经过核实的，避免了传播错误信息的风险。三是通过发布专业的声明，李华展现了公司的责任感和透明度，有助于恢复公众信任。四是他通过策略性地选择沟通时间和方式，有效地控制了信息的传播。

　　在 5G 时代，信息传播的速度极快，因此在人际沟通中，"三思而言"变得尤为重要。李华的案例展示了，在面对公关危机时，个体应如何通过谨慎、专业和策略性的沟通来维护公司形象和公众信任。经过深思熟虑的沟通，可以帮公司有效地应对挑战，消除误解，在公众中建立积极的形象。

　　所以说，三思而言，我们不论说什么话都要多加思考，这样才能少出差错，而且还有可能有意想不到的收获。